HANS BERNDT
Die Wertsicherung in der Unternehmung
unter besonderer Beachtung der Währungsgesetzgebung

Betriebswirtschaftliche Schriften

Heft 5

Die Wertsicherung in der Unternehmung unter besonderer Beachtung der Währungsgesetzgebung

Von

Dr. Hans Berndt

DUNCKER & HUMBLOT / BERLIN

Alle Rechte vorbehalten
© 1960 Duncker & Humblot, Berlin
Gedruckt 1960 bei F. Zimmermann & Co, Berlin-Neukölln
Printed in Germany

Inhalt

Einleitung: Umgrenzung des Themas und Begriffsbestimmung . . . 9

I. **Die Entwicklung der Wertsicherungen und ihrer gesetzlichen Grundlagen** 12
   1. Die Entwicklung bis 1914 12
   2. Die Entwicklung in der Zeit von 1914–1947 14
      a) Die Außerkraftsetzung der Goldmünzklausel 14
      b) Hypotheken in ausländischer Währung 15
      c) Die Konvertierung von echten in unechte Valutaschulden . . 16
      d) Wertsicherungen im täglichen Geschäftsverkehr während der Inflation 1919/1923 17
      e) Wertbeständige Schuldverschreibungen nach 1923 18
      f) Wertbeständige Hypotheken nach 1923 24
      g) Wertbeständige Lebensversicherungen 28
   3. Das Mark = Mark-Gesetz von 1947 28

II. **Wertsicherung durch Vertragsklauseln** 30
   1. Die gesetzlichen Grundlagen und ihre Auslegung in Schrifttum und Rechtsprechung nach Inkrafttreten des Währungsgesetzes (WG) . . 30
      a) Inhalt und Bedeutung von § 3 WG 30
      b) Die Genehmigungspraxis der Deutschen Bundesbank 31
      c) Die Folgen eines Verstoßes gegen § 3 WG 37
      d) Die Umgehung von § 3 WG 38
      e) Die Grundsätze der Auslegung von § 3 WG in der Literatur und in der Rechtsprechung 39
   2. Nach § 3 des Währungsgesetzes nicht genehmigungspflichtige Wertsicherungsklauseln 40
      a) Vorbemerkung 40
      b) Schuldverhältnisse in Inlandwährung 42
         α) Geldwertschuldverhältnisse 42
         β) Spannungsklauseln 51
         γ) Kostenelementsklauseln 54
         δ) Beteiligungsklauseln 58
         ε) Vereinbarung von aufschiebenden oder auflösenden Bedingungen, Rücktritts-, Rückkaufs- und Optionsrechten . . . 64
         ζ) Wertsicherungen in letztwilligen Verfügungen 67
      c) Fremdwährungsschuldverhältnisse 68
         α) Devisenrechtlich genehmigte Fremdwährungsschuldverhältnisse 68
         β) Wertsicherungsklauseln bei Fremdwährungsverbindlichkeiten 69

γ) Fremdwährungsklauseln mit Wertberechnungscharakter . . 70
d) Termingeschäfte 71
e) Sachschuldverhältnisse 78
f) Wahlschuldverhältnisse 83
3. Die dingliche Sicherung von wertgesicherten Schuldverhältnissen . 89
   a) Höchstbetragshypothek 89
   b) Der Nießbrauch 90
   c) Die Reallast 90
   d) Ratenweise Auflassung bei Grunderwerb 92
   e) Auflassungsvormerkung bei wahlweiser Einräumung des Miteigentums an einem Grundstück 92
   f) Sicherungsübereignung 92
   g) Eigentumsvorbehalt 92
4. Allgemeine Beurteilung der Wertsicherung durch Vertragsklauseln im Hinblick auf die zukünftige Gesetzgebung 93

III. **Wertsicherung durch das monetäre Gleichgewicht in der Unternehmung** 95

1. Der Begriff des monetären Gleichgewichts in der Unternehmung . 95
2. Die Wirkung von Geldwertänderungen auf die im monetären Gleichgewicht befindliche Unternehmung 96
   a) Währungsschnitte 96
   b) Schleichende Geldwertänderungen 99
3. Die Wirkung von Preisänderungen infolge nichtmonetärer Einflüsse auf die im monetären Gleichgewicht befindliche Unternehmung . 101
4. Die praktische Durchführbarkeit der Wertsicherung durch das monetäre Gleichgewicht in der Unternehmung 105
   a) Die Bildung des monetären Gleichgewichts in der Unternehmung 105
   b) Die Gefährdung des monetären Gleichgewichts in der Unternehmung durch gesetzgeberische Akte 108

Literaturverzeichnis 109

Sachverzeichnis 111

Abkürzungsverzeichnis

AblAHK	Amtsblatt der alliierten Hohen Kommission
BB	Der Betriebsberater
BGB	Bürgerliches Gesetzbuch
BGH	Bundesgerichtshof
DNotZ	Deutsche Notar-Zeitschrift
DJZ	Deutsche Juristenzeitung
DM	Deutsche Mark
DZ	Deutsche Zeitung
GBO	Grundbuchordnung
GM	Goldmark
JR	Juristische Rundschau
JW	Juristische Wochenschrift
JZ	Juristen-Zeitung
LG	Landgericht
Mark = Mark-Gesetz	Änderungsgesetz Nr. 1 zum Militärregierungsgesetz 51
MDR	Monatsschrift für Deutsches Recht
MittBl. VfW	Mitteilungsblatt der Verwaltung für Wirtschaft
NJW	Neue Juristische Wochenschrift
OLG	Oberlandesgericht
RdL	Recht der Landwirtschaft
RGBl	Reichsgesetzblatt
RM	Reichsmark
RGZ	Reichsgericht in Zivilsachen
VO	Verordnung
UG	Drittes Gesetz zur Neuordnung des Geldwesens (Umstellungsgesetz)
WG	Erstes Gesetz zur Neuordnung des Geldwesens (Währungsgesetz)
WiGBl	Gesetzblatt der Verwaltung des Vereinigten Wirtschaftsgebietes
ZfB	Zeitschrift für Betriebswirtschaft
ZfhF	Zeitschrift für handelswissenschaftliche Forschung.

Einleitung

Umgrenzung des Themas und Begriffsbestimmung

Die Vermögenswerte einer Unternehmung sind in vielerlei Hinsicht der Gefahr einer Entwertung ausgesetzt. Technische Veralterung von Produktionsmitteln, Zerstörung von Anlagen und Warenbeständen durch Natur- und Kriegsereignisse, modische Veralterung von Warenvorräten, Betriebsunterbrechungen und Ausfälle von Forderungen sind nur einige Beispiele für Entwertungen des Vermögens, zu deren Verhütung und zu deren Ersatz Maßnahmen ergriffen werden, die im weitesten Sinne eine Wertsicherung bedeuten.

Werteverluste können auch dadurch entstehen, daß die Verkaufspreise eines Gutes seine Wiederbeschaffungskosten nicht mehr decken, weil diese infolge von Preiserhöhungen der Kostengüter gestiegen sind und keine Möglichkeit besteht, die vertraglich festliegenden Verkaufspreise entsprechend zu erhöhen. Eine Maßnahme, die einen derartigen Verlust nicht zuläßt, stellt ebenfalls eine Wertsicherung dar. Es handelt sich um einen bestimmten Fall einer Wertsicherung im weiteren Sinne, der in dieser Arbeit von großer Bedeutung sein wird. Gewöhnlich versteht man aber unter „Wertsicherung" etwas anderes.

Die Vermögenswerte einer Unternehmung können dadurch eine Entwertung erleiden, daß der Geldwert sich verändert. Der Geldwert ist der reziproke Wert des Preisniveaus. Steigt das Preisniveau, sinkt der Geldwert, entsprechend steigt der Geldwert bei fallendem Preisniveau. Der Schuldner gewinnt bei fallendem Geldwert, da der Wert seiner Geldzahlung unter dem der empfangenen Leistung liegt, und er verliert entsprechend bei steigendem Geldwert. Was der Schuldner gewinnt, verliert der Gläubiger in diesem Schuldverhältnis, und was der Gläubiger gewinnt, verliert der Schuldner. Im übrigen verändern sich die Werte der liquiden Mittel einer Unternehmung in Form von Kassenbeständen, Postscheck- und Bankguthaben wie der Geldwert. Maßnahmen der Unternehmung, die Werteverluste durch Geldwertänderungen ausschalten, sind Wertsicherungen im üblichen, engeren Sinne.

Die vorliegende Arbeit hat nur die Wertsicherung der Unternehmung vor Verlusten, die durch die Erhöhung von Kostengüterpreisen oder durch Geldwertänderungen (auch in Form von Währungsschnitten) entstehen, zum Gegenstand. In beiden Fällen geht es um die Verhinderung des Eintritts von Werteverlusten, die von Preisänderungen ausgehen. Im ersten

Fall handelt es sich um Änderungen einzelner Preise, die infolge von Veränderungen auf der Nachfrageseite durch Mode-, Saison- und strukturelle Einflüsse oder von Veränderungen des Angebotes, nicht aber durch monetäre Einflüsse bedingt sind. Im zweiten Fall hingegen ändert sich infolge monetärer Einflüsse (Geldschöpfung – Geldhortung) das Preisniveau, freilich nur dann, wenn die Preise frei sind. Sind die Preise nicht frei, so kommen die Geldwertänderungen nicht in den Preisen und damit auch nicht im Preisniveau, sondern in Kontingentierungs- und Zwangsbewirtschaftungsmaßnahmen, vielleicht auch in der Bildung eines illegalen Marktes mit „Schwarzpreisen" zum Ausdruck, bis ein Währungsschnitt die eingetretenen Geldwertänderungen offenkundig macht. Da Preisänderungen im größeren Ausmaß nur äußerst selten von heute auf morgen erfolgen und fast zu jeder Zeit einige Preise steigen, andere fallen, ist eine Preisänderung auf dem ersten Blick gar nicht ihrer Ursache nach einzuordnen[1]. Erst die Vielzahl der Erscheinungen und die Aufstellung eines Preisindex', sofern die Preise frei sind, lassen eine Einordnung zu, die aber für die Praxis meist zu spät kommen würde.

Wenn eine Wertsicherung in der Unternehmung in dem Sinne erstrebt wird, daß der Eintritt von Werteverlusten infolge von Preisänderungen verhindert werden soll, muß vorerst davon ausgegangen werden, daß es bei der Behandlung völlig gleichgültig ist, welche Ursache die Preisänderung hat[2]. In jedem Fall einer Preisänderung wird die Wertsicherung darin bestehen, daß die Unternehmung keinen Verlust durch die Preisänderung erleidet. Die Erzielung von Gewinnen durch Preisänderungen setzt spekulative Motive voraus und kann deshalb nicht Aufgabe von Wertsicherungen sein. Der Begriff der Wertsicherung kann somit dahingehend bestimmt werden, daß die Wertsicherung weder Werteverluste noch -gewinne durch Preisänderungen zuläßt.

Wertsicherung ist ausschließlich eine Sache der Unternehmungsführung, nicht der Unternehmungsrechnung. Kapitalerhaltung oder Substanzerhaltung sind keineswegs mit Wertsicherung gleichzusetzen, weil Kapitalerhaltung oder Substanzerhaltung sich doch vor allem damit befassen, was mit den Scheingewinnen und Scheinverlusten zu geschehen hat, um das geldziffernmäßig bestimmte Ursprungskapital bzw. die ursprüngliche, mengenmäßig bestimmte Produktionskapazität zu erhalten, und dies ist eine Sache der Unternehmungsrechnung[3]. Die Probleme der Scheingewinne und

---

[1] Vgl. Hax, Die Substanzerhaltung der Betriebe, Köln und Opladen 1957, S. 27 f.
[2] Auch für die Behandlung der Fragen der Substanzerhaltung ist er vorerst gleichgültig, woher die Preisänderung kommt. Vgl. Hax, a.a.O., S. 32 ff.
[3] Vgl. Hax, a.a.O., S. 13 f. mit der dort angegebenen Literatur.
Die Bewertung von Anlagen und Warenvorräten in der Bilanz und die dadurch entstehenden Bilanzgewinne und -verluste gehören folgerichtig ebenfalls in den Problemkreis der Kapitalerhaltung bzw. der Substanzerhaltung, nicht aber in den der Wertsicherung.

Scheinverluste sind hier nicht zu behandeln, weil die Wertsicherung ja diese begrifflich ausschließt. Sie kommen zum Zuge, wenn die Wertsicherung in der Unternehmung nicht oder nur unvollkommen erreicht wurde. Somit stellt sich der Problemkreis der Wertsicherung als ein dem Problemkreis der Kapital- und Substanzerhaltung benachbartes Gebiet dar.

I. Die Entwicklung der Wertsicherungen und ihrer gesetzlichen Grundlagen

1. Die Entwicklung bis 1914

Der Gedanke der Sicherung vor Geldentwertungen ist so alt wie die Erkenntnis, daß der Geldwert keine unveränderliche Größe ist. Es ist nicht bekannt geworden, ob diese Erkenntnis bereits im älteren China und in Karthago während der Papierwährung gewonnen wurde. Mit Sicherheit bestand sie bereits in der Zeit Thomas von Aquins (1225 – 1274) und Oresme (1325 – 1382). Beide verwerfen die Geldentwertung durch Herabsetzung des Metallwertes des Geldes gegenüber dem Nominalwert vom Standpunkt der christlichen Ethik. Oresme berichtet davon, daß der Wirtschafter, sobald er die Münzverschlechterung erkannte, die alten Münzen mit hohem Edelmetallgehalt festzuhalten und damit sein Vermögen in Geld vor Werteverlusten zu sichern trachtete, so daß schließlich das gute Geld völlig aus dem Zahlungsverkehr verschwand und das schlechte Geld zum alleinigen Zahlungsmittel wurde[1]. Dieser heute als „Greshamsches Gesetz" bezeichnete Vorgang muß schon im griechischen Altertum vorgekommen sein, da Aristophanes (um 450 v. Chr.) ihn in den „Fröschen" erwähnt und es unwahrscheinlich ist, daß er ihn nicht der Erfahrung entnommen hat[2].

Vertragsklauseln bei Schuldverhältnissen, nach denen die Zahlung des Schuldners in Nominalhöhe nicht in irgendeiner, sondern einer bestimmten Münzsorte mit einem bestimmten Edelmetallgehalt zu leisten ist, lagen zum Schutze des Gläubigers nahe. Vereinbarungen über Leistungen in einer bestimmten Münzsorte (mit einem bestimmten Edelmetallgehalt) finden sich in alten Verträgen[3]. Ihre gesetzliche Grundlage fanden sie in der Vertragsfreiheit im bürgerlichen Recht[4].

Als beliebteste Wertsicherungsklausel vor 1914 dürfte die Goldmünzklausel anzusehen sein. Sie bestimmt, daß die Zahlung an den Gläubiger mit befreiender Wirkung nur in Goldmünzen, vielleicht auch nur in Gold-

---
[1] Oresme, Traktat über Geldabwertungen, Jena 1937.
[2] A. Kruse, Geschichte der volkswirtschaftlichen Theorien, München 1948, S. 19.
[3] Aus der Tatsache, daß das „Greshamsche Gesetz" bereits im Altertum bekannt war, ist zu schließen, daß damals schon gute und schlechte Münzen wohl unterschieden wurden. Kruse (a.a.O., S. 19) spricht in diesem Zusammenhang von Zahlungsverpflichtungen in einer bestimmten Geldsorte.
[4] Die Vertragsfreiheit im bürgerlichen Recht ist so alt wie das bürgerliche Recht (Privatrecht) und bestand mit Gewißheit schon bei den Germanen (s. Conrad, Deutsche Rechtsgeschichte, Bd. I, Karlsruhe 1954).

münzen einer bestimmten Sorte, erfolgen kann. Bei Hypotheken war sie sogar vor dem ersten Weltkrieg in Deutschland durchaus gebräuchlich, wie aus den Grundbüchern hervorgeht. Die berühmte „Clausula rebus sic stantibus" des Mittelalters hat in der Praxis auch einen wertsichernden Charakter gehabt[5]. In bestimmten Branchen – z. B. in der Baumwollbranche – waren Valutaschuldverhältnisse, d. h. Schuldverhältnisse in ausländischer Währung, bereits vor 1914 üblich. Auch die Termingeschäfte hatten z. T. Wertsicherungscharakter.

Die weitverbreitete Auffassung, daß Wertsicherungsvereinbarungen erst nach dem ersten Weltkrieg als Folge des Währungsverfalles entstanden sind, dürfte also irrig sein[6]. Wertsicherungen bestanden mit Gewißheit bereits vor Beginn des 20. Jahrhunderts[7] und werden in Zeiten bemerkbarer Geldwertänderung immer getroffen worden sein.

Bereits in der Mitte des 19. Jahrhunderts wurden jedoch schon Stimmen laut (Hartmann[8] u. a.), welche die Wertsicherung von Geldschulden durch Vertragsklauseln für unzulässig erklärt wissen wollten.

Es ging in dieser Zeit weniger um Wertsicherungen vor Münzverschlechterungen als um Wertsicherungen vor Geldverschlechterungen durch Ausgabe von Papiergeld mit Zwangskurs[9]. Der Grundgedanke dieser Stimmen gegen die Wertsicherungsklauseln war, daß keiner sich durch eine private Vereinbarung einer „im öffentlichen Interesse eingeführten steuerähnlichen Last entziehen soll"[10]. Die Herausnahme der Forderungen mit Wertsicherungsklauseln aus der Wirkung des Zwangskurses würde nach den Worten von *Eckstein*[11] seinem „im öffentlichen Interesse liegenden Zweck" widersprechen, da sie „eine sachlich ganz ungerechtfertigte Bevorzugung" derer bedeuten würde, „die Mißtrauen gegen die eigene Währung und ge-

---

[5] Vgl. dazu Stier – Somlo/Elster, Handwörterbuch der Rechtswissenschaft, Berlin und Leipzig 1926, S. 874 ff.
[6] Diese Auffassung findet sich z. B. bei Schmölder/Gessler/Merkle, D-Mark-Bilanzgesetz, Stuttgart 1950, S. 180.
[7] Vgl. Enzyklopädisches Lexikon für das Geld-, Bank- und Börsenwesen, Frankfurt/M. 1957, S. 1677.
[8] So Hartmann, Über den rechtlichen Begriff des Geldes und den Inhalt von Geldschulden, Braunschweig 1868, S. 100 f.
[9] Daß der Zwangskurs eine Geldwertverschlechterung nicht verhindern kann, hatte bereits das Schicksal der Assignaten gelehrt. Bereits bald nach ihrer Ausgabe, die auf dem Dekret der französischen Nationalversammlung vom 19. 4. 1790 beruhte, wurde ihnen Zwangskurs verliehen. Durch ihre schrankenlose Vermehrung verloren sie rasch an Wert. Anfang 1796 galten sie gegenüber dem Metallgeld kaum noch 1%/o und mußten schließlich im Februar dieses Jahres (1796) außer Kraft gesetzt werden, da die Preise in Papiergeld enorme Höhen erreicht hatten und der Zwangskurs wirkungslos war. Vgl. Bazot, Histoire des assignats, Amiens 1862.
[10] Die steuerähnliche Wirkung einer Geldwertverschlechterung ist schon von Gabriel Biel in „De monetarum potestate et utilitate" (1488) erkannt worden (s. Kruse, a.a.O., S. 20).
[11] Geldschuld und Geldwert im internationalen Privatrecht, Berlin 1932, S. 94.

gen die staatliche Versicherung der Wertbeständigkeit hegten und von vorneherein sich dem durch den Zwangskurs von den Gläubigern verlangten Opfer zu entziehen bemüht waren". Mark sollte ohne Ausnahme gleich Mark sein (Nominalismus)[12]. Man mag durch diese Auffassung den Boden für die Verordnung des deutschen Bundesrates über die Unverbindlichkeit gewisser Zahlungsvereinbarungen vom 28. 9. 1914 vorbereitet sehen.

2. Die Entwicklung in der Zeit von 1914—1947

a) Die Außerkraftsetzung der Goldmünzklausel

Durch § 1 der Verordnung über die Unverbindlichkeit gewisser Zahlungsvereinbarungen vom 28. 9. 1914[1] wurden die vor dem 31. 7. 1914 getroffenen Vertragsabreden, nach denen eine Zahlung in Goldmünzen zu erfolgen hatte (Goldmünzklausel), außer Kraft und in dem bestehenden Schuldverhältnis Mark gleich Mark gesetzt. Die Konversion in die Goldwertklausel, nach der die Erfüllung zwar in Mark, aber nach dem Goldpreis berechnet, geschieht, wurde von der deutschen Rechtsprechung abgelehnt[2]. Dies dürfte der erste Fall in Deutschland sein, daß bestehende Wertsicherungen durch Gesetz aus staatspolitischen Motiven außer Kraft gesetzt wurden.

Die Proteste der sich geschädigt fühlenden Gläubiger hatten nur einen sehr späten und auch nur einen teilweisen Erfolg. Er wurde von den Gläubigern der schweizerischen Goldhypotheken in Deutschland und den Gläubigern gewisser Arten von Forderungen in Schweizer Franken mit dem Gesetz über das Abkommen zwischen dem deutschen Reich und der schweizerischen Eidgenossenschaft vom 9. 12. 1920 erzielt[3]. Durch dieses Gesetz wurde die außer Kraft gesetzte Goldmünzklausel unter gewissen Umständen durch eine Goldwertklausel ersetzt. Nach der Goldwertklausel richtete sich die Höhe der Geldforderung nach dem jeweiligen Preis einer bestimmten Menge von Feingold.

Durch das Gesetz über das Zusatzabkommen zum Abkommen vom 6. 12. 1920 zwischen dem deutschen Reich und der schweizerischen Eidgenossenschaft vom 23. 6. 1923[4] traten an die Stelle der Markhypotheken Grundschulden in Schweizer Franken, womit die Gläubiger endlich wieder eine volle dingliche Sicherung ihrer Forderung erhielten, da das Ge-

---

[12] Vgl. dazu Eckstein, a.a.O., S. 92, und Mayer, Die Valutaschuld nach deutschem Recht, Mannheim 1934, vor allem S. 17. Die gegensätzliche Richtung war der „Valorismus". Der Verfasser teilt die Auffassung von *Eckstein* nicht, wie aus den späteren Ausführungen hervorgeht.
[1] RGBl. S. 417.
[2] s. z. B.: RGZ 103, S. 388; 107, S. 92, 402; 121, S. 11; 131, S. 78.
[3] RGBl. S. 2023.
[4] RGBl. Teil II, S. 284.

setz vom 9. 12. 1920 nur die der Hypothek zugrundeliegende Forderung mit der Goldwertklausel versehen hatte, während die Hypothek unverändert auf eine „bestimmte Geldsumme" lauten mußte (§ 1113 BGB).

Die Geschichte der schweizerischen Goldmarkhypotheken[5] verdient als Musterbeispiel dafür Beachtung, wie der Staat kraft Gesetzes in bestehende wertgesicherte Schuldverhältnisse eingegriffen, sie verändert und ihrer Wertsicherung entkleidet hat, und dies mit rückwirkender Kraft. Sie ist an dieser Stelle deshalb erwähnenswert, weil sie als typisch dafür angesehen werden muß, daß die gesetzlichen Grundlagen der Wertsicherung keine gleiche Behandlung aller Gläubiger herbeiführen, sondern im Gegenteil bestimmte Gläubigergruppen herausnehmen und aus staatspolitischen Motiven bevorzugt behandeln. Die schweizerischen Goldhypothekenforderungen sind die einzigen Schuldverhältnisse, bei denen die durch Gesetz außer Kraft gesetzte Goldmünzklausel durch Gesetz, wenn auch mit einiger Verzögerung, so doch überhaupt in eine andere Form der Wertsicherung „konvertiert" wurde, wie die Juristen diesen Vorgang genannt haben[6].

Die meisten Staaten gingen früher oder später den gleichen Weg wie Deutschland und setzten durch Gesetz Goldmünzklauseln außer Kraft. Erwähnenswert ist die Bestimmung in der „Joint Resolution of Congress" vom 5. 6. 1933, nach der jede vertragliche Bestimmung, daß der Gläubiger Zahlung in Gold oder in einer besonderen Geldsorte oder in einem danach zu bemessenden Betrag der Währung der USA fordern könne, der „Public policy" zuwider und für die Zukunft verboten sei. Goldmünz- und Goldwertklauseln waren damit in den USA — auch hier mit rückwirkender Kraft — aufgehoben. Die Begründung stimmt grundsätzlich mit der Argumentierung von Hartmann überein[7].

b) Hypotheken in ausländischer Währung

Andererseits hat der Staat unter dem Druck der Bedürfnisse der Wirtschaft kraft Gesetzes Möglichkeiten der Wertsicherung geschaffen, die vorher nicht bestanden. An erster Stelle ist hier die Verordnung über die Eintragung von Hypotheken in ausländischer Währung vom 13. 2. 1920[8] zu

---

[5] Vgl. dazu Reichel, Schweiz. JZ, 1924/5, S. 281; von Zwehl, BB 1955, S. 304. Wegen des weiteren Rechtsschicksals s. Vereinbarung über die Regelung der Schweizerfranken-Grundschulden vom 23. 2. 1953 und Zustimmungsgesetz vom 15. 5. 1954, BGBl. II 1954, S. 538.
[6] Vgl. Eckstein, a.a.O., S. 94; RGZ 103, S. 388; 107, S. 92, 402; 121, S. 11; 131, S. 78.
[7] Hinweis auf Abschnitt I,1.
[8] RGBl. S. 231.

nennen. Schuldverhältnisse in ausländischer Währung wurden zu dieser Zeit als sehr wertbeständig betrachtet. Vor dem Erlaß obiger Verordnung war die dingliche Sicherung einer echten Valutaschuld, die durch Zahlung in ausländischer Währung abgedeckt werden mußte, deshalb nicht möglich, weil nach § 28 GBO nur Geldbeträge in Reichswährung eintragungsfähig waren. Auch die Eintragung einer in Reichswährung zu zahlenden Hypothek, deren Geldbetrag sich nach dem jeweiligen Kurs einer in ausländischer Währung festgesetzten Geldsumme richten sollte (unechte Valutaschuld), war vor Erlaß der Verordnung unzulässig, da eine bestimmte Geldsumme im Sinne des § 1113 BGB nicht gegeben war.

Nach § 1 der Verordnung war die Eintragung jedoch nur mit Einwilligung der Landeszentralbehörde möglich, die nur ausnahmsweise erteilt werden sollte. Für ihre Erteilung war das wirtschaftspolitische Interesse an ausländischem Kapital maßgebend, das ohne Wertsicherung nur schwer hereinzubekommen war. Die Verordnung galt nur bis zum 31. 12. 1929 (nach Verlängerung)[9]. Für den Inländer hatte sie praktisch keine Bedeutung.

c) Die Konvertierung von echten in unechte Valutaschulden

In diesem Zusammenhang sollen einige grundsätzliche Reichsgerichtsentscheidungen nicht unerwähnt bleiben, die ohne Ausnahme zugunsten des Gläubigers von Valutaforderungen entschieden.

Die Devisenverbote konnten bei den echten Valutaschulden (Zahlung in ausländischer Währung) zur völligen Leistungsunmöglichkeit führen. Nichtigkeit des Rechtsgeschäftes nach § 306 BGB wäre an sich die Folge gewesen. Das Reichsgericht hat jedoch in mehreren Urteilen[10] entschieden, daß in diesen Fällen dem Gläubiger nach Treu und Glauben das Recht zugebilligt werden muß, seine auf ausländische Währung lautende Forderung in Mark zu verlangen. Echte Valutaschulden wurden somit in unechte konvertiert. Ob der Umrechnungskurs am Fälligkeitstag oder am Zahlungstag zugrundezulegen ist, war einige Zeit umstritten, bis das Reichsgericht in seiner Plenarentscheidung vom 14. 1. 1921[11] den Wortlaut des § 244, II BGB, wonach der Umrechnungskurs zur Zeit der Zahlung maßgebend ist, bestätigte. Währungsverluste zwischen Fälligkeit und Zahlung hatte somit der Schuldner zu tragen.

---
[9] Gesetz vom 17. 12. 1929, RGBl. I, S. 405.
[10] JW 11. 12. 19 (iV), JW 1920, 373; 17. 3. 24 (I), JW 1924, 1950; 28. 4. 24 (I), JW 1924, 1953.
[11] RGZ 101, 312.

d) Wertsicherungen im täglichen Geschäftsverkehr während der Inflation 1919/1923

Als die Inflation in Deutschland schon im vollen Gange war, suchte der Verkehr mehr und mehr nach anderen Wertmaßstäben als dem der Mark. Er fand sie in Indizes, Goldmark (1 Mark = 1/2790 kg Feingold), Dollar, Pfund-Sterling u. a. Die Zahlung in ausländischen Zahlungsmitteln wie die Forderung solcher Zahlungen bei Inlandsgeschäften wurde durch die Verordnung gegen die Spekulation in ausländischen Zahlungsmitteln (Devisennotverordnung) vom 12. 10. 1922[12] verboten. Diese Verordnung soll jedoch nur im legitimen Bankgeschäft beachtet worden sein[13]. Die unechten Valutaschulden waren von der Verordnung nicht betroffen. Für den täglichen Geschäftsverkehr waren sie aber meistens nicht tauglich. Für ihn gelangte die Wirtschaft zu anderen Formen der Wertsicherung.

Preisgleitklauseln kamen auf. Ihr Grundschema ist: Erhöht sich der Preis des Gutes A um x Mark, so erhöht sich der Preis des Gutes B (gleich verkauftes Gut) um y Mark.

Die „Kartell-Rundschau"[14] berichtet bereits aus dem Jahre 1922: „Die Industrie ist nach Lage der Dinge dazu gezwungen, immer mehr von festen zu gleitenden Preisen überzugehen ... So verkauft z. B. die Wollindustrie nur noch mit 10% Hausseklausel, die nach eingehenden Verhandlungen mit den Abnehmerverbänden von diesen gutgeheißen worden ist. In der Seidenindustrie haben manche Betriebe Preislisten eingeführt, die sich nach dem Stande der Devisen ändern. Die Baumwollindustrie arbeitet z. T. mit Lohnerhöhungsklauseln, wonach jeweils 10% Lohnzuschlag den Fabrikanten zu je 2% bis 3,5% Warenpreiserhöhung berechtigen." Auch in den anderen Wirtschaftszweigen wurden Preisgleitklauseln gebräuchlich.

Die Angabe fester Preise in den Schaufenstern des Einzelhandels und in den Angeboten von Großhandel und Industrie verschwanden. Bereits bei der Leipziger Frühjahrsmesse 1922 waren die meisten Preise „freibleibend" oder „vorbehalten"[15]. Für Geschäfte, die nicht Zug um Zug getätigt wurden, insbesonders für Darlehensgeschäfte, war jedoch diese Klausel unbrauchbar. Für sie war die Klausel: „1 Mark = 1/2790 kg Feingold, mindestens x Mark" äußerst beliebt, die rechtswirksam war. Diese Klausel wurde auch nach der Inflation noch gerne verwendet.

Im verstärkten Maße wurden An- und Teilzahlungen gefordert. Eine wirkliche Wertsicherung wurde jedoch nur durch Koppelung mit Preis-

---
[12] RGBl. S. 795.
[13] Nach O. Bernstein im Bankarchiv 1922 (22. J.), S. 15 f.
[14] 20. J. 1922, S. 346.
[15] Vgl. Textil-Zeitung Nr. 13/14 v. 28. 3. 1922.

vorbehalten erreicht[16]. Auch wurden die Gegenleistungen nicht in Geld-, sondern in Sachwerten vereinbart. Die Vereinbarung von Rücktrittsrechten war bei größeren Geschäften an der Tagesordnung.

Schließlich wurde die wertsichernde Wirkung von Termingeschäften im erhöhten Maße ausgenutzt. Durch die Verordnung über Termingeschäfte vom 3. 7. 1923[17] wurden jedoch die „währungspolitisch schädlichen" Termingeschäfte in Mark verboten.

Für die Geschäfte, die nicht dem täglichen Verkehr angehörten, wurden andere Wertsicherungen gefunden. Soweit das bestehende Recht ihrer Vereinbarung entgegenstand, wurden Gesetze erlassen, die den Bedürfnissen der Wirtschaft Rechnung trugen und – unterstützt durch die hohen Zinssätze – die Darlehensaufnahme im Ausland ermöglichten.

e) Wertbeständige Schuldverschreibungen nach 1923

Als erstes dieser Gesetze ist das Gesetz über die Ausgabe wertbeständiger Schuldverschreibungen auf den Inhaber vom 23. 6. 1923[18] zu nennen. Auch vor Erlaß dieses Gesetzes gab es wertbeständige Schuldverschreibungen, so z. B. die Roggenrentenbriefe der Roggenrenten-Bank AG, Kohlenwertanleihen der Badischen Landeselektrizitätsversorgungs-AG, der Landesbank der Provinz Westfalen, der Stadt Breslau, eine Kaliwertanleihe vom Freistaat Preußen und eine Holzwertanleihe von der Stadt Offenbach/M. Sie waren jedoch keine Inhaberschuldverschreibungen, denn der Passus „Zahlung einer bestimmten Geldsumme" des § 795 I BGB stand der Ausgabe von Inhaberschuldverschreibungen mit Wertsicherungsklauseln entgegen. Durch das obige Gesetz wurde zwar die Genehmigungspflicht nach § 795 BGB nicht aufgehoben, jedoch konnten nunmehr auch folgende Inhaberschuldverschreibungen begeben werden:

1. Inhaberschuldverschreibungen, deren Höhe durch Bezeichnung des Errechnungsmaßstabes bestimmt wird (§ 1, Abs. 1 des Gesetzes),

2. Inhaberschuldverschreibungen, die auf eine Sachleistung lauten, wobei der Schuldner sich durch Zahlung eines Geldbetrages befreien kann, dessen Höhe durch Bezeichnung des Berechnungsmaßstabes bestimmt wird (§ 1, Abs. 2).

In Betracht kamen mit großer praktischer Bedeutung Schuldverschreibungen mit Valutaklauseln, Goldmarkschuldverschreibungen, Reichsmark-

---

[16] Vgl. F. Frölich in: Kartell-Rundschau, 20, S. 346.
[17] RGBl. 1923 I, S. 413. Der Terminhandel wurde in Deutschland 1931 allgemein eingestellt.
[18] RGBl. I, S. 407. Erwähnenswert auch: Amtliche Begründung (Reichstag I, Wahlperiode 1920/23, Drucksache Nr. 5880).

schuldverschreibungen mit Goldklauseln und Schuldverschreibungen, die auf Sachwerte lauteten[13].

Bei den Schuldverschreibungen mit Valutaklauseln sind die echten von den unechten Valutaklauseln zu unterscheiden.

Die Schuldverschreibungen mit echten Valutaklauseln lauten auf eine bestimmte Summe in ausländischer Währung, z. T. durch eine Alternativklausel mit der Möglichkeit, Erfüllung auch in bestimmten anderen Währungen zu verlangen. Z. B. war die Anleihe der Deutschen Kalisyndikat GmbH., Berlin, über nom. 15 Millionen Pfund Sterling, die 1925 – 1927 aufgelegt wurde, wahlweise nach dem Willen des Gläubigers in Pfund oder in US-Dollar zu erfüllen. Eine Alternativklausel hatten bereits die Schuldscheine der Gewerkschaft Wintershall und der Deutschen Kaliwerke von 1917. Der Gläubiger konnte bei diesen Schuldscheinen Zahlung in Mark oder in Schweizer Franken zum Friedenskurs, d. h. zum Kurs von 100 M = sFrs. 123,50, verlangen. Die 7%ige Goldanleihe der Landesbank der Rheinprovinz von 1926 versprach sogar wahlweise Erfüllung in drei Währungen: in holländischen Gulden, Schweizer Franken und in „Golddollars". Die Golddollarklausel war wie die Goldmarkklausel zu dieser Zeit noch äußerst beliebt und wird weiter unten noch besprochen.

Außer der Alternativklausel verdient die Zahlstellenklausel Erwähnung. Nach dieser Klausel erfolgt die Einlösung der Stücke und Zinskupons nicht nur am Erfüllungsort. Sie kann auch an Zahlstellen, die in anderen Währungsgebieten gelegen sind, in deren Währung zum jeweiligen Sichtkurs am Erfüllungsort erfolgen.

Beide Klauseln hatten den Sinn der Risikoabschwächung.

Bei den unechten Valutaklauseln der Schuldverschreibungen wird der in Inlandswährung zu zahlende Betrag nach dem Kurse einer fremden Währung zur Zeit der Zahlung berechnet. Sowohl echte wie unechte Valutaschuldverschreibungen lauteten auf ausländische Währung. Damit eine Valutaschuld nicht als eine unechte behandelt werden konnte, mußte nach § 244 BGB ausdrücklich die Zahlung in ausländischer Währung bedungen sein. Echte Valutaschuldverschreibungen auf den Inhaber konnten bereits vor Erlaß des Gesetzes ausgegeben werden, da eine „bestimmte Geldsumme" gegeben war.

Eine besonders beliebte Form der unechten Valutaschuldverschreibungen war die Dollargoldmarkschuldverschreibung. Unter einer Goldmark wurden dabei 10/42 US-Dollar verstanden, wobei die Umrechnung nach dem Mittelkurs erfolgte, der auf Grund der amtlichen Berliner Notierung des

---

[19] Vgl. dazu Wilhelm Dieben: Anleihetechnik, Berlin 1931; B. Lamm: Über Wertsicherungsklauseln bei Anleihen, ZfhF 1933, S. 382 ff; Josef Maus, Anleiheformen unter dem Einfluß der Geldentwertung, Leipzig 1925, W. Posteher: Sachwertschuldverschreibungen, Hamburg 1939; E. Schmalenbach: Über Wertsicherungsklauseln bei Anleihen (zur Stahlwerksanleihe) ZfhF 1933, S. 543.

dem Tage der Zahlung vorhergehenden Börsentages für Auszahlung New York errechnet wurde[20]. Der US-Dollar wurde damals noch wertbeständiger betrachtet als das Pfund Sterling, das schon als „sicher wie die Bank von England" galt.

Als Beispiele für Dollargoldmarkschuldverschreibungen seien die Emission der Friedrich Krupp AG, Essen, von 1924, des Provinzialverbandes Hannover von 1925 und die der Vereinigten Stahlwerke AG von 1926 (Serie B) genannt.

Um eine Vorstellung zu vermitteln, welche Bedeutung die Valutaschuldverschreibungen in der Zeit von 1924 bis 1928 in Deutschland besaßen, seien folgende Angaben wiedergegeben[21].

Außer zahlreichen privat untergebrachten Anleihen wurden zwischen 1924 und 1928 vierhundertundfünf deutsche Auslandsanleihen im Gesamtnennwert von umgerechnet 1 638 Millionen US-Dollar öffentlich aufgelegt. Die größte war die Reparationsanleihe, die teils auf US-Dollar, teils auf Pfund-Sterling, Schweizer Franken, schwedischen Kronen und Lire ausgegeben war. Es lauteten weitere

123 Anleihen auf US-Dollar,

12 Anleihen auf Pfund-Sterling,

220 Anleihen auf holländische Gulden,

11 Anleihen auf Schweizer Franken.

Von den restlichen 38 Anleihen waren 27 auf Goldmark und 11 auf Reichsmark ausgegeben.

Neben den Auslandsanleihen lauteten zahlreiche Inlandanleihen auf ausländische Währung oder auf Dollargoldmark. Die oben erwähnte Anleihe der Vereinigten Stahlwerke AG von 1926 (Serie B) betrug allein nicht weniger als 126 Millionen Goldmark.

Als nach Aufgabe des Goldstandards in England durch die Gold Standard Act von 1931 und in den USA durch die Joint Resolution of Congress von 1933 Pfund und US-Dollar erheblich in ihren Kursen sanken, weigerte sich ein großer Teil der Schuldner von Dollargoldmarkschuldverschreibungen (darunter auch die Friedrich Krupp-AG, der Provinzialverband Hannover und die Vereinigten Stahlwerke AG wegen der oben erwähnten Anleihen), Verzinsung und Rückzahlung nach der früheren Goldparität vorzunehmen. Lang sich hinziehende Streitigkeiten und Prozesse waren die Folge.

---

[20] Nach der 2. Verordnung zur Durchführung der Verordnung des Verfahrens in bürgerlichen Rechtsstreitigkeiten vom 27. 6. 1924 (RGBl. I, S. 660).

[21] Nach B. Lamm: Über Wertsicherungsklauseln bei Anleihen, ZfhF 1933, S. 382 f.

Streitig war schon, ob die Valutaschuldverschreibungen inländischem oder ausländischem Recht unterliegen. Es wurde entschieden, daß, soweit die Anleihen im Inland aufgenommen und im Inland zu erfüllen sind, grundsätzlich deutsches Recht anzuwenden ist.

Bei den oben erwähnten Dollargoldmarkschuldverschreibungen handelte es sich um derartige Anleihen. Das Reichsgericht hat in den Entscheidungen vom 12. 11. 1934 in der Sache 310/34 (Friedrich Krupp-AG) und in der Sache 370/34 (Provinzialverband Hannover) sowie im Urteil vom 14. 12. 1934[22] (Vereinigte Stahlwerke AG) übereinstimmend entschieden, daß die Leistungen des Schuldners nach der früheren Goldparität vorzunehmen sind. Das Reichsgericht ging in seiner Begründung davon aus, was der wirkliche Vertragswille (§ 133 BGB) unter Berücksichtigung von Treu und Glauben (§ 157 BGB) bei Begebung der Schuldverschreibungen war, und kam zu dem Ergebnis, daß für den Gläubiger eine Wertsicherung durch Koppelung der Reichsmark an einen festen Wertmaßstab beabsichtigt war. Wenn man den US-Dollar als diesen Wertmaßstab gewählt hatte, so deshalb, weil man ihn infolge seiner Koppelung an Gold als wertbeständig ansah. Daraus schloß das Reichsgericht, daß die Koppelung nicht an den US-Dollar schlechthin, sondern an den Golddollar beabsichtigt war. Die Leistung des Gläubigers hatte somit nach der früheren Goldparität zu erfolgen[23].

Auf Fremdwährung lautende Schuldverschreibungen wurden nicht „aufgewertet", wie der auf Treu und Glauben fußende Vorgang der durch Rechtsprechung und Gesetzgebung[24] nach und nach wegen des Währungsverfalls vorgenommenen Neufestsetzung der Geldsummen genannt wurde. Da bei den auf Fremdwährung lautenden Schuldverschreibungen schlechthin Dollar, Pfund usw. geschuldet wurden, mußte der Gläubiger die Nachteile aus dem Abgleiten der vereinbarten Währung tragen[25].

Diejenigen, die nach der Stabilisierung der Mark Gläubiger von Valutaschuldverschreibungen geworden waren, bei denen Zahlung in ausländischer Währung erfolgte, erlitten durch das Abgleiten der vereinbarten Fremdwährung Schäden, die sie bei Anschaffung von Reichsmarkschuld-

---

[22] RGZ Bd. 146, S. 1 ff.
[23] Vgl. C. Wallin: Dollargoldmark = Feingoldmark – Die Geschichte eines interessanten Rechtsstreites. Der praktische Betriebswirt, 1935 I, S. 22 f.
[24] Vgl. Reichsgerichtsurteil vom 28. 11. 1923 in DJZ 1924, S. 57; 3. Steuernotverordnung vom 14. 2. 1924 und Gesetz über die Aufwertung von Hypotheken und anderen Ansprüchen vom 16. 7. 1925. Danach betraf die Aufwertung hauptsächlich die alten Marktforderungen. Vgl. O. Mügel: Das gesamte Aufwertungsrecht, Berlin 1927.
[25] So RGZ Bd. 145, S. 51, und RGZ Bd. 147, S. 377. Gesetzlich später festgelegt im Reichsgesetz über Fremdwährungsschuldverschreibungen vom 26. 6. 1936, RGBl. I, S. 515.

verschreibungen nicht erlitten hätten. Das, was als „Wertsicherung" gedacht war, nämlich die Wahl einer Auslandswährung als Wertmaßstab und Zahlungsmittel, erwies sich als Ursache von Werteverlusten.

Die Gläubiger von Dollargoldmarkschuldverschreibungen standen sich besser als die Gläubiger von Dollarschuldverschreibungen. Jene waren nach der früheren Goldparität zu erfüllen, diese im Nennbetrage der abgesunkenen Fremdwährung. Bei der Emission beider Arten „wertbeständiger" Schuldverschreibungen hatten weder der eine noch der andere noch die begebende Unternehmung geahnt und ahnen können, daß die rechtliche Beurteilung beider Arten eine verschiedenartige Behandlung hinsichtlich des Wertes von Tilgung und Zinsen in dem Umfange ergeben würde, wie sie nach 1933 eintrat. Die Schuldner der Fremdwährungsschuldverschreibungen hatten den Vorteil gegenüber den Schuldnern der Dollargoldmarkschuldverschreibungen. Die Wahl zwischen Dollargoldmarkschuldverschreibung und Dollarschuldverschreibung erwies sich für den Gläubiger als Glück oder Unglück – von einer wirklichen Wertsicherung konnte jedoch keine Rede sein. Nach dem 2. Weltkrieg wurden deutsche Schuldverschreibungen in ausländischer Währung durch das am 16. 12. 1953 in Kraft getretene „Londoner Schuldenabkommen" neu geregelt.

Auch die übrigen „wertbeständigen" Schuldverschreibungen garantierten keine absolute Wertsicherung, und auch bei diesen erwiesen sich vermeintliche Wertsicherungen als Quelle von Werteverlusten.

Der grundsätzliche Mangel einer auf Sachwerte lautenden Schuldverschreibung[26] war der, daß der Preis des betreffenden Gutes infolge nichtmonetärer Einflüsse auf und ab ging und die jeweils fällige Geldsumme in ihrer Höhe starken Schwankungen unterlag, die mit Schwankungen des Geldwertes meistens nichts zu tun hatten. War z. B. eine schlechte Roggenernte zu verzeichnen gewesen, so gingen die Preise in die Höhe und der Gläubiger von Roggenschuldverschreibungen kam in den Genuß hoher Leistungen des Schuldners, und war die Ernte gut, so waren die Zahlungen an die Gläubiger entsprechend niedrig. Die Roggenschuldverschreibungen hatten einen so niedrigen Kurs, daß die Schuldner von Roggenhypotheken, deren Gegenwert ihnen in Form von Roggenschuldverschreibungen zugekommen war, teilweise das 3- bis 4-fache von dem zurückzahlen mußten, was sie bei Verwertung der Papiere erhalten hatten. Eine große Verschuldung der betreffenden bäuerlichen Betriebe war die Folge. Durch das Roggenschuldengesetz vom 16. 5. 1934[27] und der Durchführungsverordnung zu diesem Gesetz vom 25. 5. 1934[28] wurden deshalb die Roggen- und Weizen-

---

[26] Ein Verzeichnis aller Sachwertanleihen gibt Willy Posteher, Sachwertschuldverschreibungen, Hamburg 1939.
[27] RGBl. I, S. 391.
[28] RGBl. I, S. 448.

schuldverschreibungen in Reichsmarkschuldverschreibungen umgewandelt und die Neubegründung solcher Rechte verboten. Bei Wahlschulden Roggen oder Weizen und Reichsmark galt nur noch der Reichsmark-Nennwert.

Auch die übrigen Sachwertschuldverschreibungen erwiesen sich durch die Preisschwankungen für den Schuldner als gefährlich und für den Gläubiger als mangelhafte Wertsicherung und sogar als Verlustbringer. Ein beträchtlicher Teil der auf Holz, Kohle, Zucker und ähnliche Sachwerte lautenden Schuldverschreibungen gelangten zur vorzeitigen Rückzahlung oder wurden durch freiwillige Vereinbarung in Reichsmarkschuldverschreibungen umgetauscht.

Die Schuldverschreibungen mit der Klausel 1 Mark = 1/2790 kg Feingold erwiesen sich demgegenüber als beständiger. Sie wurden erst relativ spät ihrer wertsichernden Funktion dadurch entkleidet, daß als Feingoldpreis der staatlich festgelegte Zwangskurs zugrundezulegen war[29]. Außerdem war der Feingoldpreis grundsätzlich den gleichen Schwankungen unterworfen wie die übrigen Güterpreise. Auch er ist kein absoluter Wertmaßstab, sondern bestimmt sich durch Angebot und Nachfrage wie alle Preise. So heißt es schon im Dawes-Bericht[30]: „Gold is only a measure of value, and over a long period of years may be an uncertain and defective one."

Die besten Goldklauseln sind wohl die Reichsmarkmindestklausel und die Wahlrechtsklausel gewesen. Eine Reichsmarkmindestklausel lautete z. B.: Geschuldet werden 1 000 Goldmark, mindestens 1 000 Reichsmark. Sank der Goldpreis, so daß der RM-Wert von 1 000 Goldmark unter 1 000 RM lag, galten 1 000 RM als geschuldet. Sank dagegen der Wert der Reichsmark, mußte der Gläubiger in Gold ausgezahlt werden. Die Reichsmarkmindestklausel, die auch im täglichen Geschäftsverkehr weitverbreitet war, sicherte den Gläubiger nicht nur gegen eine Entwertung der Reichsmark, sondern auch gegen ein Sinken des Goldpreises. Andererseits kam der Gläubiger sowohl in den Genuß einer Wertverbesserung der Reichsmark wie einer Erhöhung des Goldpreises. Das Risiko lag einseitig beim Schuldner. Als Beispiel für eine Schuldverschreibung mit Reichsmarkmindestklausel sei die 6½%ige Reichsmark-Anleihe von 1926 der Siemens & Halske AG und der Siemens-Schuckert GmbH. genannt.

Die Wahlrechtsklausel trat demgegenüber an Bedeutung zurück. Erstens war sie in der Handhabung nicht so praktisch wie die Reichsmarkmindestklausel und zweitens bot sie dem Gläubiger nicht die starke Wertsicherung wie die Reichsmarkmindestklausel. Zwar hatte der Gläubiger das Recht, bei der Wahl zwischen zwei Umrechnungsstichtagen sich für den zu entscheiden, der den für ihn günstigsten Kurs aufwies, jedoch konnten die Kurse an beiden Tagen einen Reichsmarkbetrag ergeben, der

---
[29] Vgl. Verordnung über wertbeständige Rechte vom 16. 11. 1940, RGBl. I, S. 1521.
[30] Ernst Wolff: Schuldverschreibungen auf Reichs- oder Goldmark mit unechter Valutaklausel, Mannheim 1935, S. 26.

unter dem Goldmarkbetrag lag, so daß der Gläubiger sich besser gestanden hätte, wenn das Recht auf Goldmark und nicht auf Reichsmark lautete. Immerhin gab die Wahlrechtsklausel dem Gläubiger die Chance, wenn ein Werteverlust eingetreten war, ihn doch kleiner zu halten als wenn nur ein Stichtag (Fälligkeitstag oder Zahlungstag) für die Umrechnung festgesetzt war.

Beide Klauseln verloren Wirkung und Bedeutung nach Koppelung des Feingoldpreises an den amtlichen Zwangskurs.

Zu den wertbeständigen Schuldverschreibungen, die nach 1923 emittiert wurden und hinsichtlich der Wertbeständigkeit nicht versagten, ist die Wandelschuldverschreibung zu rechnen. Vor 1923 ist nach E. *Kämpke* [31] mit Ausnahme des Dortmunder Vereins (1857 durch Aufnahme eines in Aktien umwandelbares Darlehen) von keiner Unternehmung eine Wandelanleihe aufgenommen worden, während in den USA bereits im 19. Jahrhundert die „convertible bonds" beliebt waren. Das Recht des Gläubigers, die Schuldverschreibung in Aktien umzuwandeln und so Beteiligter an der Unternehmung zu werden, wurde als Ersatz für eine Wertsicherungsklausel betrachtet. In der Begebung ging 1924 die Harpener Bergbau AG mit 7,5 Millionen RM voran. Bis 1928 folgten zahlreiche größere und kleinere Unternehmungen, unter den großen die IG. Farben mit 250 Millionen und Rheinstahl mit 21 Millionen RM. Einige Wandelanleihen lauten zur weiteren Wertsicherung auf Goldmark (1 GM = 10/42 Dollar) oder waren mit einer Alternativklausel (Reichsmark oder Goldmark, so die Wandelanleihe der Basalt AG von 1924[32]) ausgestattet. Obwohl diese Wandelanleihen Erfolg hatten, wurden nach Kämpke zwischen 1928 und 1951 in Deutschland keine Wandelschuldverschreibungen begeben.

f) **Wertbeständige Hypotheken nach 1923**

Nach Außerkraftsetzung der Goldmünzklausel im Jahre 1914 gab es zunächst keine Möglichkeit, wertbeständige Hypotheken für inländische Gläubiger eintragen zu lassen, wenn man von einer dinglichen Sicherung einer wertbeständigen Forderung durch eine Höchstbetragshypothek (§ 1190 BGB) absieht.

Das Institut der Reallasten (§ 1105 – 1112 BGB), von dem als Übergangslösung einige Rentenbanken und Landschaften Gebrauch machten, sei hier jedoch nicht unerwähnt. Nach § 1105 BGB können sowohl Mengen wie Preise von Sachgütern als Reallasten in Abteilung II des Grundbuches eingetragen werden, und von dieser Möglichkeit wurde für Gold, Roggen, Weizen, Kohle und Holz u. a. Gebrauch gemacht. Bei der Reallast fehlen

---
[31] Die Wandelschuldverschreibung als Mittel zur Finanzierung der Unternehmung, Diss. Köln 1954.
[32] Vgl. B. Lamm, a.a.O., S. 385.

jedoch die Bestimmungen über das Verhältnis zwischen dinglichem Recht und Forderung und über den Übergang des Rechts auf den Eigentümer, wie sie bei der Hypothek (§ 1113 – 1190 BGB) anzutreffen sind. Außerdem wird kein Brief erteilt.

Das Gesetz über wertbeständige Hypotheken vom 23. 6. 1923[33] machte es überflüssig, die dingliche Sicherung durch Reallasten eintreten zu lassen. Nach § 1 des Gesetzes konnte die aus dem Grundstück zu zahlende Geldsumme durch den amtlichen festgestellten oder festgesetzten Preis einer bestimmten Menge von Feingold, Roggen oder Weizen bestimmt werden. Außerdem konnte die Reichsregierung mit Zustimmung des Reichsrates auch den in gleicher Weise festgestellten oder festgesetzten Preis von Kohle, Kali oder anderen Waren oder von Leistungen als Maßstab zulassen. Von dieser Befugnis wurde für Kohle, Kali und US-Dollar Gebrauch gemacht.

Nach § 2 des Gesetzes konnten wertbeständige Hypotheken auch in der Weise bestellt werden, daß, falls der als Maßstab gewählte Preis einer Ware oder Leistung den Preis einer anderen Ware oder Leistung nicht erreicht oder überschreitet, dieser letztere Preis für die Höhe der Geldsumme maßgebend sein soll (Mindestklausel). Die Grundbucheintragung lautete, wenn vom § 2 Gebrauch gemacht wurde, beispielsweise so: Preis von 2 000 Zentnern Roggen, höchstens 5 878 g Feingold.

Für Grund- und Rentenschulden galten die Vorschriften des Gesetzes über wertbeständige Hypotheken entsprechend (§ 8 des Gesetzes).

Von größter Bedeutung war dieses Gesetz für die Hypothekenbanken, deren Geschäft in der Inflation fast völlig zum Erliegen gekommen war. Man hoffte durch Erlaß dieses Gesetzes den Sparsinn der Bevölkerung wieder anzuregen und andererseits die Hypothekengesuche befriedigenden Lösungen entgegenzuführen.

§ 9 des Gesetzes über wertbeständige Hypotheken bestimmte, daß der Gesamtbetrag der im Umlauf befindlichen Hypothekenpfandbriefe jeder Gattung in Höhe des Nennwertes jederzeit durch Hypotheken gleicher Gattung von mindestens gleicher Höhe und mindestens gleichen Zinsertrag gedeckt werden muß. Für die Feststellung des Betrages, bis zu dem nach §§ 5, 42, 46 und 48 des Hypothekenbankengesetzes Hypothekenpfandbriefe ausgegeben werden dürfen, soll dabei der Tag der Ausfertigung maßgebend sein. Die Höhe der Pfandbriefemissionen und der Hy-

---

[33] RGBl. I, S 407. Vgl. auch Verordnung über wertbeständige Schiffspfandrechte vom 12. 2. 1924, RGBl. I, S. 65, Hinweis auf RGBl. 1923, I, S. 90, 232, 482, 933, 1075, 1082; RGBl. 1924 I, S. 415; RGBl. 1928, I, S. 11. Schrifttum: Düringer und Schulze, Das Reichsgesetz über wertbeständige Hypotheken, Berlin 1924; Schlegelberger, Gesetz über wertbeständige Hypotheken, Berlin 1924.

An Durchführungsverordnungen sind zu erwähnen: Verordnung vom 29. 6. 1923, RGBl. I, S. 482, Verordnung vom 5. 10. 1923, RGBl. I, S. 933, Verordnung vom 2. 11. 1923, RGBl. I, S. 1075, Verordnung vom 17. 4. 1924, RGBl. I, S. 415.

pothekenzusagen war durch das Festhalten an den alten Umlaufgrenzen, die infolge der Inflation dem Preisniveau keineswegs mehr entsprachen, auf äußerst geringe Beträge begrenzt. Sie sind deshalb durch das Gesetz zur Änderung und Ergänzung des Hypothekenbankengesetzes vom 14. 7. 1923[34] allgemein angehoben worden, jedoch in einem völlig unzureichendem Maße, zumal zwischen dem Tag der Ausfertigung und dem Tag des Verkaufes der Pfandbriefe die Inflation weitergegangen war. Erst durch die zweite Verordnung über die Erhöhung der Umlaufgrenzen für Hypothekenpfandbriefe vom 7. 12 1923[35] wurden die Umlaufgrenzen durchgreifend heraufgesetzt (z. B. für reine Hypothekenbanken vom 20-fachen auf das 10-millionenfache des eingezahlten Grundkapitals und des Reservefonds).

Über die im Gesetz über wertbeständige Hypotheken zugelassenen Wertmesser wurden besondere Ausführungsverordnungen erlassen[36], in denen die zugelassenen Sorten von Roggen, Weizen usw. sowie die maßgeblichen Preise festgesetzt wurden. Von Interesse ist die Verordnung vom 2. 11. 1923[37], die als Wertmaßstab auch den US-Dollar für den Fall zuläßt, daß die Hypothek zur Sicherung einer Anleihe dient, für deren Verzinsung und Rückzahlung das Reich oder ein Land die Bürgschaft übernommen hat. Diese Beschränkung erfolgte aus wirtschafts- und währungspolitischen Gründen.

Die beliebtesten wertbeständigen Hypotheken waren die Feingoldhypotheken. Für die Umrechnung war der in Deutschland festgestellte und bekanntgemachte Londoner Goldpreis maßgebend[38]. Das Gesagte trifft auch für die Feingoldgrundschulden zu. Feingoldgrundschulden waren auch die gesetzlichen Grundschulden der Deutschen Rentenbank[39]. Sie lauteten zwar auf Goldmark, jedoch wurde die Goldmark mit 1/2790 kg Feingold bestimmt.

Von allen wertbeständigen Rechten auf Grund des Gesetzes über wertbeständige Hypotheken haben die Feingoldhypotheken und -grundschulden die Zeiten am besten überdauert.

Die Roggen- und Weizenhypotheken wurden bereits 1934 durch das sogenannte Roggenschuldengesetz[40] in Reichsmarkhypotheken umgewandelt. An die Stelle von einem Zentner Roggen wurde der Betrag von RM 7,50

---

[34] RGBl. I, S. 635.
[35] RGBl. I, S. 1179.
[36] RGBl. I, S. 482; VO vom 29. 6. 1923.
RGBl. I, S. 933; VO vom 5. 10. 1923.
RGBl. I, S. 1075; VO vom 2. 11. 1923.
RGBl. I, S. 1082; VO vom 6. 11. 1923.
[37] s. Fußnote 36.
[38] VO vom 29. 6. 1923, § 2.
[39] Rentenbankverordnung vom 15. 10. 1923 (RGBl. I, S. 963).
[40] Gesetz über die Umwandlung wertbeständiger Rechte und ihre Behandlung im landwirtschaftlichen Entschuldungsverfahren vom 16. 5. 1934 (RGBl. I, S. 391).

und an die Stelle von einem Zentner Weizen RM 9,50 gesetzt. Nach der Durchführungsverordnung zu diesem Gesetz vom 25. 5. 1934[41] unterlagen solche Hypotheken nicht der Umwandlung, bei denen die Belastung in einer bestimmten Menge von Roggen oder Weizen und daneben wahlweise in Reichsmark, Rentenmark, Goldmark, in ausländischer Währung oder in einer bestimmten Menge von Feingold ausgedrückt war. In einem solchen Falle war Gegenstand der Belastung nur noch der in Reichsmark, Rentenmark usw. ausgedrückte Betrag. Praktisch war die beabsichtigte Wertsicherung durch die Wahl von Roggen und Weizen als Wertmaßstab hinfällig geworden.

Da, wie bereits gelegentlich der Behandlung der wertbeständigen Schuldverschreibungen[42] ausgeführt, die Roggenhypotheken viele bäuerliche Betriebe in arge Verschuldung gebracht hatten, und das politische Programm der Regierung jener Zeit ausgesprochen nährstandsfreundlich war, ist das Roggenschuldengesetz aus seiner politischen Zwecksetzung zu verstehen.

Es konnten im Zwangsvergleichverfahren nach dem Gesetz zur Regelung der landwirtschaftlichen Schuldverhältnisse (Schuldenregelungsgesetz)[43] und im Entschuldungsverfahren nach der Osthilfegesetzgebung wertbeständige Forderungen und Grundpfandrechte sogar kraft § 2 des Roggenschuldengesetzes bis auf einen Betrag herabgesetzt werden, der im Werte der Belastung bei der Übernahme der Verbindlichkeit durch den Betriebsinhaber entsprach. Die sich daraus ergebenden Reichsmarksummen lagen z. T. erheblich unter den Beträgen, die sich durch Anwendung der oben angegebenen Umrechnungssätze ergeben hätten. Die beabsichtigte Wertsicherung des Gläubigers war in diesen Fällen kraft Gesetzes völlig zunichte geworden.

In der Verordnung über wertbeständige Rechte vom 16. 11. 1940[44] wurden schließlich § 1, Satz 2 (Befugnis der Reichsregierung zur Zulassung von Wertmaßstäben) und § 9 des Gesetzes über wertbeständige Hypotheken aufgehoben. Neu eintragungsfähig waren nur noch Feingold- bzw. Goldmarkhypotheken, jedoch war ihre Eintragung reizlos, da der Zwangskurs der Deutschen Reichsbank seit dem Gesetz über die Deutsche Reichsbank vom 15. 6. 1939[45] für die Umrechnung zugrundezulegen war. Zudem waren Wertsicherungsklauseln in jener Zeit aus „währungsmoralischen" Gründen so verpönt, daß es eines Verbotes fast gar nicht bedurfte, zudem schon nach Einführung des Preisstops 1936 zahlreiche Wertsicherungsklauseln wegen Verstoßes gegen die Preisvorschriften unzulässig geworden waren.

---

[41] RGBl. I, S. 448.
[42] s. S. 22 f.
[43] Gesetz zur Regelung der landwirtschaftlichen Schuldverhältnisse vom 1. 6. 1933 (RGBl. I, S. 331).
[44] RGBl. I, S. 1521.
[45] RGBl. I, S. 1015.

28 Entwicklung der Wertsicherungen und ihrer gesetzlichen Grundlagen

g) Wertbeständige Lebensversicherungen

Der Vollständigkeit halber sei nicht unerwähnt, daß in der Inflation nach dem ersten Weltkrieg auch Lebensversicherungen mit Fremdwährungs- und Feingoldklauseln und auf Fremdwährungen abgeschlossen wurden.

Durch das Gesetz über die Umwandlung der inländischen Fremdwährungsversicherungen vom 26. 8. 1938[46] wurden die Lebensversicherungen, die auf eine Fremdwährung lauteten oder mit einer Fremdwährungsklausel ausgestattet waren, in Reichsmark-Versicherungen umgewandelt, so daß sie ihres wertsichernden Charakters völlig verlustig gingen.

Die Lebensversicherungen mit Feingoldklauseln wurden durch die bereits erwähnte Verordnung über wertbeständige Rechte vom 16. 11. 1940[47] ihrer wertsichernden Funktion entkleidet, da die Umrechnung in Reichsmark zum Zwangskurs der Deutschen Reichsbank zu erfolgen hatte.

3. Das Mark = Mark-Gesetz von 1947

Das Offenbarwerden der starken Entwertung der Reichsmark im „Dritten Reich" nach seinem Zusammenbruch 1945 brachte es mit sich, daß Wertsicherungsvereinbarungen wieder gebräuchlicher wurden, nachdem sie 10 Jahre lang verpönt und z. T. auch durch den Preisstop uninteressant waren. Generell waren sie im „Dritten Reich" nicht verboten[1]. Was sich in der großen Inflation 1923 am „weißen Markt" abspielte, war nunmehr auf dem „schwarzen Markt", der eine Folge der Zwangsbewirtschaftung war, in starkem Maße anzutreffen.

Durch das sogenannte Mark = Mark-Gesetz der alliierten Militärregierung von 1947[2] wurden mit einem Schlage alle Wertsicherungsklauseln für Forderungen, deren Nennwert durch Bezugnahme auf den Feingoldpreis oder auf den Preis anderer Edelmetalle, Waren, Wertpapiere oder ausländischer Zahlungsmittel bestimmt war, kraft Gesetzes mit Stichtag 1. 7. 1947 nichtig. Derartige Forderungen waren mit sofortiger Wirkung nur in Höhe

---

[46] RGBl. I, S. 1062. Siehe dazu: Erste Anordnung des Reichsaufsichtsamtes für Privatversicherung über die Umwandlung der inländischen Fremdwährungsversicherungen vom 9. 9. 1938, Veröff. RAfP 1939, S. 175.
[47] RGBl. I, S. 1521.
[1] Vgl. auch Dürkes, Wertsicherungsklauseln, Heidelberg, 4. Auflage, S. 14; BB 1959, S. 979.
[2] Änderungsgesetz Nr. 1 zum Militärregierungsgesetz 51, Amtsblatt der Militärregierung 1947, amer. Zone (autorisierter Nachdruck), Ausgabe E vom 1. 8. 1947, S. 15; Verordnung 92 ABl. Mil. Reg. brit. Zone 1947, S. 567; Verordnung 118, JO 1947, S. 1211; Abänderung Nr. 1 zu BK/Ord (45) Nr. 2, VOBl. für Groß-Berlin 1947, S. 247. Für die russische Zone wurde keine entsprechende Verordnung erlassen. Bereits durch Artikel II des Gesetzes 51 der Militärregierung waren Zahlungen in einer anderen als der Mark-Währung 1945 verboten worden. Im Saarland gilt auch nach dem Vertrag zur Regelung der Saarfrage (BGBl. 1956 II, S. 1589) die französische Gesetzgebung.

ihres Nennbetrages zum 1.7.1947 zu erfüllen[3]. Der Gläubiger war verpflichtet, Reichsmark oder alliierte Militärmark-Noten in Erfüllung der Verbindlichkeit anzunehmen. Wertbeständige Schuldverhältnisse, die nicht auf Reichsmark, Goldmark oder Mark lauteten, blieben unberührt.

Das Mark = Mark-Gesetz hat das Vertrauen in die Reichsmarkwährung nicht wiederhergestellt. Daß es im Gegenteil zur weiteren Zerrüttung und zur wachsenden Beliebtheit der Kompensationsgeschäfte beigetragen hat, ist wahrscheinlich, aber schwer zu beweisen.

Nach der Währungsumstellung im Jahre 1948 hatte das Mark = Mark-Gesetz keine praktische Bedeutung mehr und wurde 1951 aufgehoben[4]. Die betroffenen Wertsicherungen sind auch nach der Währungsreform nicht wieder aufgelebt.

Während nach der Auffassung des Bundesgerichtshofes[5] Wertsicherungsklauseln aus der Zeit vor der Währungsumstellung, sofern sie dem Mark = Mark-Gesetz nicht unterlegen hatten, rechtswirksam blieben, wurden bestimmte andere Wertsicherungsvereinbarungen und das Eingehen bestimmter Schuldverhältnisse durch § 3 des Währungsgesetzes[6] verboten. Durch das Mark = Mark-Gesetz verbotene Vertragsklauseln blieben auch nach der Umstellung der Währung verboten.

Im folgenden Abschnitt II sollen die Wertsicherungen durch Vertragsklauseln dargestellt und auf Grund der nach der Währungsumstellung eingetretenen Rechtslage und der aus der Entwicklung der Wertsicherungen und ihrer gesetzlichen Grundlagen gewonnenen Erkenntnisse erörtert werden.

---

[3] Vgl. Urteil des Oberlandesgerichts Stuttgart vom 11.1.1951, NJW 1952, S. 106; Harmening/Duden, Die Währungsgesetze, S. 194 (Anm. 13); Schubert NJW 1950, S. 288; Dürkes, BB 1959, S. 979 f.; BGH-Urteil vom 16.9.1959, BB 1959, S. 1038. Anders das Urteil des Kammergerichts Berlin-Charlottenburg vom 18.11.1957, BB 1958, S. 786. Hierbei scheint jedoch nur die Anwendung der Klausel für die Zeit nach der Währungsreform eingeklagt gewesen zu sein. Der Tatbestand ist nicht ganz klar.
[4] Gesetz A – 14 vom 15.2.1951, ABl. AHK S. 779 und Gesetz A – 21 vom 29.11.1951, ABl. AHK S. 1352.
[5] Vgl. K. Duden: Vor der Währungsreform vereinbarte Wertsicherungsklauseln, BB 1949, S. 669 f.; BGH-Urteil vom 15.3.1951, BB 1951, S. 377 und BGH-Urteil vom 12.2.1953, BB 1953, S. 246 f. und JZ 1953, S. 338 f.
[6] Mitt. der Bank deutscher Länder 1948 Nr. 4, S. 1 Ber. Nr. 10, S. 2. Im amerikanischen und britischen Kontrollgebiet Gesetz Nr. 61, im französischen Kontrollgebiet Gesetz Nr. 158.

II. Wertsicherung durch Vertragsklauseln

1. Die gesetzlichen Grundlagen und ihre Auslegung in Schrifttum und Rechtsprechung nach Inkrafttreten des Währungsgesetzes (WG)

a) Inhalt und Bedeutung von § 3 WG

Während das Mark = Mark-Gesetz bestimmte, daß die in seinem Artikel II bezeichneten Verbindlichkeiten bei Fälligkeit durch Zahlung – Mark für Mark – von Reichsmark oder alliierten Militärmarknoten erfüllbar sind, ist der Grundsatz Mark = Mark in § 3 des Währungsgesetzes (abgekürzt: WG) insofern durchbrochen, als Wertsicherungsklauseln durch Genehmigung der für die Erteilung von Devisengenehmigungen zuständigen Stelle für rechtswirksam erklärt werden können. Diese Stelle ist die Bank deutscher Länder, seit dem 1. 8. 1957 die Deutsche Bundesbank[1], vertreten durch die Landeszentralbanken. Als genehmigungspflichtig wurden im § 3 WG folgende Vereinbarungen erklärt:

1. Das Eingehen von Geldschuldverhältnissen in einer anderen Währung als in Deutscher Mark, und

2. das Eingehen von Geldschulden, deren Betrag in Deutscher Mark durch den Kurs einer solchen anderen Währung oder durch den Preis oder eine Menge von Feingold oder von anderen Gütern oder Leistungen bestimmt werden soll.

Satz 1 verbietet das Eingehen von echten Valuta- und Goldschulden, wenn keine entsprechende Genehmigung vorliegt. Er hat Bedeutung nur für Schuldverhältnisse unter Deviseninländern, da für Geschäfte mit Devisenausländern bereits die Bestimmungen des Militärregierungsgesetzes 53[2] zum Zuge kommen[3].

Satz 2 verbietet das Eingehen von unechten Valutaschuldverhältnissen und von Schuldverhältnissen, deren Nennbetrag an den Preis oder an eine Menge von Feingold oder anderen Gütern und Leistungen gekoppelt ist, sofern es nicht von einer Landeszentralbank genehmigt wird. Obwohl der Wortlaut dieses Absatzes 2 von § 3 WG eindeutig erscheint, hat er in Lite-

---

[1] Nach dem Gesetz über die Deutsche Bundesbank vom 26. 7. 1957, BGBl. I, S. 745.
[2] Bundesanzeiger Nr. 2 vom 27. 9. 1949, S. 2.
[3] Vgl. Wilmanns: BB 1951, S. 907 ff.

Die gesetzlichen Grundlagen und ihre Auslegung 31

ratur und Rechtsprechung sehr verschiedenartige Auslegungen erfahren, von denen noch zu sprechen sein wird. Unstreitig ist, daß Satz 2 auch für Indexklauseln zum Zuge kommt.

b) Die Genehmigungspraxis der Deutschen Bundesbank

Die Bank deutscher Länder, als die damals für die Erteilung von Devisengenehmigungen zuständige Stelle, hat in der ersten Zeit nach Erlaß des Währungsgesetzes die erforderliche Genehmigung in keinem Falle erteilt, so daß § 3 WG einem völligen Verbot gleichkam. Weisungen der alliierten Bankenkommission, nach welchen Richtlinien Genehmigungen zu erteilen sind, sind nicht bekannt geworden. Nach einer Auskunft vom April 1953 der Bank deutscher Länder[4] waren für die Genehmigungspraxis folgende Grundsätze maßgebend:

1. Kurzfristige Schuldverhältnisse sollen keinesfalls in Betracht kommen. Es muß ein echtes Bedürfnis nach einer Wertsicherung vorhanden sein und dieses wird nur bei langfristigen Verträgen angenommen. Was als „langfristig" anzusehen ist, hängt nicht von absoluten Zeitmaßstäben ab. Es wird vielmehr auf die Gegebenheiten des einzelnen Falles abgestellt. Das Vorliegen eines langfristigen Vertrages wird dann zu unterstellen sein, wenn es den Parteien nicht zugemutet werden kann, die künftige Preisentwicklung im Vertrage unberücksichtigt zu lassen. Als solche Verträge sind z. B. Grundstücks-, Hof- und Geschäftsveräußerungen auf Rentenbasis anzunehmen.

2. Es darf sich nicht um eine Mindestklausel handeln. Klauseln wie „DM 1000,—, mindestens jedoch der Gegenwert von 25 dz Speisekartoffeln" werden daher auf keinen Fall genehmigt. Die vereinbarte Klausel muß sich gleichermaßen sowohl zu Gunsten wie zu Ungunsten eines jeden Vertragspartners auswirken können[5].

3. Der vereinbarte Wertmesser muß „sachgerecht" sein. Die Koppelung des Nennbetrages der Schuld muß also an eine Größe erfolgen, die dem „Grundgeschäft" entnommen oder mit ihm verwandt ist. Z. B. könnte der Preis für eine sehr lange sich hinziehende Mehllieferung von dem jeweiligen Brotpreis abhängig gemacht werden, nicht aber vom jeweiligen Preis von Milch, Zucker, Rohstahl oder dergleichen. Gold- und allgemeine Lebenshaltungskostenindexklauseln werden nicht genehmigt.

---

[4] Nach Dürkes: Wertsicherungsklauseln, Heidelberg 1956, 3. Auflage, S. 12 f. Hinweis auf: Der Betrieb 1952, S. 862, und Deutsche Zeitung und Wirtschaftszeitung vom 22. 11. 1952. Vgl. auch Szagunn, BB 1955, S. 972 ff.; Fögen, NJW 1953, S. 1325.

[5] Vgl. Szagunn, BB 1955, S. 973.

4. Es kommt auf die Lage des Einzelfalles an, ob – selbst wenn die obigen drei Voraussetzungen gegeben sind – tatsächlich ein echtes Bedürfnis nach einer Wertsicherung vorliegt.

Nach diesen Grundsätzen sind in den letzten Jahren mehrere Genehmigungen für Wertsicherungen bei langfristigen Grundstücks-, Hof- und Geschäftskaufverträgen gemäß § 3, Satz 2 WG erteilt worden.

Nach *Dürkes*[6] konnten bei Grundstücks- bzw. Geschäftsveräußerung und -verpachtung mit einer Genehmigung gerechnet werden, wenn das Entgelt abhängig gemacht wird

1. von den Löhnen oder Gehältern, die in dem veräußerten Geschäftsbetrieb an einen bestimmten Arbeitnehmer gezahlt werden (in einem Handwerksbetrieb auch von dem Betrag für eine bestimmte Anzahl von Gesellen- oder Meisterstunden),
2. von dem Preis der in dem Geschäft hergestellten bzw. zum Verkauf gelangenden Waren, bzw. von dem Preis der auf dem verpachteten Grundstück gewonnenen Güter,
3. von dem jeweiligen Lohn der für die Ausführung einer Dienstleistung in erster Linie benötigten Arbeitskräfte bei Wartungsverträgen (z. B. Wartung einer Telefonanlage).

Dürkes[7] berichtet davon, daß sogar die Koppelung der Miete an den Einzelhandelsindex für die Lebenszeit des Vermieters genehmigt wurde, weil dieser aus der Miete seinen Unterhalt bestreiten mußte.

Wertsicherungsvereinbarungen in Rechtsgeschäften des Geld- und Kapitalverkehrs werden gegenwärtig ausnahmslos nicht genehmigt.

In besonders gelagerten Fällen werden Ausnahmegenehmigungen erteilt. Seit einigen Jahren wird auch die Koppelung des Erbbauzinses und einer Rente an einem Grundstückskaufvertrag an ein Beamtengrundgehalt genehmigt[8].

Szagunn[9] berichtet von einem Bescheid vom 11. 2. 1955, nach dem sogar der Lebenshaltungskostenindex als Wertmesser für Versorgungsleistungen genehmigt wurde.

Für Genehmigungen nach Satz 1 des § 3 WG besteht seit 1954 eine allgemeine Ermächtigung der Bank deutscher Länder an die Landeszentralbank in Hamburg[10]. Sie wurde erteilt:

---

[6] a.a.O., 3. Auflage, S. 14, unter Bezugnahme auf einen Aufsatz von Fögen (Bank deutscher Länder) in NJW 1953, S. 1321 ff.
[7] a.a.O., 4. Auflage, S. 83.
[8] Schreiben der Bank deutscher Länder vom 28. 5. 1954, s. Dürkes, a.a.O., 4. Auflage, S. 33.
[9] BB 1955, S. 973.
[10] Der Betrieb, 1954, S. 841.

Die gesetzlichen Grundlagen und ihre Auslegung

1. für die Eingehung von Geldschulden in Deutscher Mark, deren Betrag abhängig sein soll vom Kurs einer fremden Währung, in Verträgen zwischen Einführern und ihren unmittelbaren Verkäufern, sofern

a) die eingeführte oder auszuführende Ware unverändert weiter veräußert wird,

b) der zu zahlende Betrag vom Kurs derjenigen Währung abhängig gemacht wird, in der das Einfuhr- bzw. Ausfuhrgeschäft abgewickelt wird,

c) der Kurs dieser Währung nicht nur bei einer späteren Erhöhung, sondern auch bei einem späteren Rückgang für die Höhe des zu zahlenden Betrages maßgebend sein soll,

2. für die Eingehung von Geldschulden in Deutscher Mark, deren Betrag abhängig sein soll vom Kurs einer fremden Währung in Seefrachtverträgen zwischen inländischen Reedern und inländischen Verfrachtern, sofern dies den Beschlüssen internationaler Schiffahrtskonferenzen über die Tarife im Seefrachtverkehr entspricht, und der Kurs der fremden Währung nicht nur bei einer späteren Erhöhung, sondern auch bei einem späteren Rückgang für die Höhe des zu zahlenden Betrages maßgebend sein soll,

3. für unter § 3 WG fallende Zahlungsvereinbarungen in Ein- und Ausfuhrverträgen mit Devisenausländern.

Genehmigungsfähig nach Satz 1 der Ermächtigung sind also nur reine Handelsgeschäfte, bei denen keine Veränderung der Handelsware eintritt. Über die Frage, was als schädliche Veränderung anzusehen ist, sind noch keine Erfahrungen bekannt geworden.

Im Laufe der Jahre haben sich neue Genehmigungsgrundsätze herangebildet. Schwierigkeiten traten besonders bei der Auslegung der Begriffe „kurzfristig" und „sachgerecht" auf.

Die Deutsche Bundesbank hat in ihrer Mitteilung Nr. 1009/58[11] vom 12. Dezember 1958 die neuen Grundsätze bei der Entscheidung über Genehmigungsanträge nach § 3 WG (Nr. 2c der Währungsverordnung für Berlin) wie folgt zusammengefaßt:

„1. Eine Genehmigung zur Eingehung von kurs- oder sachwertabhängigen Zahlungsverpflichtungen in Deutscher Mark (§ 3 Satz 2 des Währungsgesetzes) wird nicht erteilt

a) bei Zahlungsverpflichtungen aus Darlehen, auch aus in Darlehen umgewandelten Schuldverhältnissen anderer Art, aus Schuldverschreibungen, Kapital- und Rentenversicherungen, Bankguthaben

---

[11] Bundesanzeiger Nr. 243 vom 18. 12. 1958, S. 4. Vgl. auch Fögen, BB 1958, S. 1264 ff.; Szagunn, BB 1959, S. 205 ff.; Dürkes, a.a.O., 4. Auflage, S. 21 ff.

und Vereinbarungen anderer Art, die die Rückzahlung eines Geldbetrages zum Gegenstand haben (Zahlungsverpflichtungen aus dem Geld- und Kapitalverkehr),

b) in Wohnungsmietverträgen,

c) in Miet- und Pachtverträgen für Räume und Gebäude, die gewerblich genutzt werden sollen, sofern der Miet- oder Pachtvertrag für eine kürzere Frist als 10 Jahre abgeschlossen wird oder durch den Vermieter oder Verpächter vor dem Ablauf von 10 Jahren gekündigt werden kann.

2. Auch bei anderen Verträgen wird eine Genehmigung zur Eingehung von kurs- oder sachwertabhängigen Zahlungsverpflichtungen in Deutscher Mark nicht erteilt,

a) wenn die Klauseln einseitig eine Erhöhung der Zahlungsverpflichtung bei einem Steigen des Preises oder Wertes bestimmter Güter oder Leistungen oder des Kurses einer fremden Währung, aber nicht eine entsprechende Ermäßigung der Zahlungsverpflichtung bei einem Sinken des Preises oder Wertes für diese Güter oder Leistungen oder des Kurses einer fremden Währung bewirken sollen (also eine Mindestklausel enthalten),

b) wenn der geschuldete Betrag vom Goldpreis oder allgemein von der „Kaufkraft" der Deutschen Mark abhängig sein soll,

c) wenn der geschuldete Betrag abhängig sein soll von der Entwicklung der Lebenshaltungskosten oder dem Durchschnittspreis oder -wert mehrerer anderer Güter oder Leistungen (Preis-, Lohn-, Gehalts-, Renten- oder Kostenindex) oder vom Kurs einer fremden Währung.

3. Als Ausnahme von Nummer 1b) und c) sowie von Nummer 2c) ist die Erteilung einer Genehmigung nicht ausgeschlossen,

a) wenn bei Wohnungsmietverträgen, die für die Lebensdauer des Vermieters abgeschlossen werden, der Mietzins abhängig gemacht wird von der Entwicklung der Lebenshaltungskosten,

b) wenn in anderen Fällen der Betrag wiederkehrender Zahlungen, sofern diese für die Lebensdauer des Empfängers oder für die Zeit bis zur Erreichung der Erwerbsfähigkeit oder eines bestimmten Ausbildungszieles des Empfängers zu entrichten sind, von der Entwicklung der Lebenshaltungskosten oder von einem Lohn-, Gehalts- oder Rentenindex abhängig gemacht wird oder der Betrag wiederkehrender Zahlungen von einem Preisindex abhängig gemacht wird, der sich auf Gegenstände bezieht, die der Schuldner in seinem Betrieb herstellt oder veräußert,

Die gesetzlichen Grundlagen und ihre Auslegung

c) wenn ein geschuldeter DM-Betrag vom Kurs einer fremden Währung abhängig gemacht wird

aa) in Einfuhranschlußverträgen zwischen Importeuren und Erstabnehmern, in Ausfuhrzulieferungsverträgen zwischen Exporteuren und ihren unmittelbaren Zulieferern sowie in Kaufverträgen des „gebrochenen" Transithandels, sofern die Ware von dem Importeur, dem Exporteur oder den Transithändlern unverändert weiterveräußert wird, oder

bb) in Seefrachtverträgen zwischen konferenzgebundenen Reedern und Befrachtern, sofern die Zahlungsverpflichtung des Befrachters in Deutscher Mark vom Kurs derjenigen fremden Währung abhängig gemacht wird, in der nach den Beschlüssen internationaler Schiffahrtskonferenzen die Tarife im Seefrachtverkehr ausgedrückt sind.

4. Die nicht bereits devisenrechtlich erlaubte Eingehung von Zahlungsverbindlichkeiten in fremder Währung durch inländische Schuldner gegenüber inländischen Gläubigern (§ 3 Satz 1 des Währungsgesetzes) wird im allgemeinen nur insoweit genehmigt, als auch zur Eingehung einer kursabhängigen Zahlungsverpflichtung in Deutscher Mark eine Genehmigung erteilt werden würde (vgl. Nummer 3c).

5. Soweit nach den vorstehenden Grundsätzen eine nach § 3 des Währungsgesetzes erforderliche Genehmigung nicht ausgeschlossen ist, kann im allgemeinen mit ihrer Erteilung gerechnet werden.

6. Eine Änderung dieser Grundsätze bleibt vorbehalten.

7. Genehmigungsanträge nach § 3 des Währungsgesetzes sind bei der zuständigen Landeszentralbank einzureichen."

Zu 1a) ist zu beachten, daß Restkaufpreisschulden und Leibrentenverpflichtungen nicht unter die bezeichneten Verpflichtungen fallen[12]. Die Genehmigung kann hierbei erteilt werden[13].

Einseitig wirksame Klauseln, Mindestklauseln sowie Gold- und Kaufkraftklauseln werden danach keinesfalls genehmigt.

Mindestklauseln bei der Festsetzung von Unterhaltsverpflichtungen werden dagegen als genehmigungsfrei betrachtet, da sie von Natur aus sachwertbezogen seien[14] und Unterhaltsverpflichtungen grundsätzlich als genehmigungsfrei behandelt werden[15].

---

[12] So auch Dürkes, a.a.O., 4. Auflage, S. 24.
[13] Die Vereinbarung einer lohnabhängigen Leibrente bei einer Geschäftsveräußerung ist bei dem Schuldverhältnis, das dem Urteil des Landgerichts Marburg vom 5. 11. 1958 zugrunde lag, von der Landeszentralbank genehmigt worden. Siehe BB 1959, S. 207.
[14] BB 1958, S. 568 f., nach den Bescheiden der Landeszentralbank von Bayern vom 28. 4. 1958 und vom 2. 5. 1958. Vgl. Fögen BB 1958, S. 1262.
[15] Vgl. Dürkes, a.a.O., 4. Auflage, S. 60. Genehmigungsfrei ist auch der Ver-

Nach *Szagunn*[16] ist es zweifelhaft, ob die Deutsche Bundesbank eine Genehmigung für eine auf einen betriebsbezogenen Index lautende Wertsicherungsklausel in einem auf weniger als 10 Jahre abgeschlossenen Miet- oder Pachtvertrag über gewerbliche genutzte Räume oder Gebäude erteilen würde[17].

Der Genehmigungsantrag kann von jeder Vertragspartei bei der zuständigen Landeszentralbank eingereicht werden. Nach *Fögen*[18] ist jede Landeszentralbank als zuständig anzusehen, für die sich ein Anknüpfungspunkt nach dem Wohnsitz oder dem Sitz einer der Vertragsparteien, nach der Belegenheit des Vertragsgegenstandes oder dergleichen ergibt. Wird die Genehmigung nicht erteilt, so wird zunächst der Antragsteller darüber unterrichtet, aus welchem Grunde die Deutsche Bundesbank dem Antrag nicht entsprechen könne, falls er weiter verfolgt würde. Die Parteien erhalten dadurch Gelegenheit, den Vertrag so zu ändern, daß entweder eine Genehmigung erteilt werden kann oder eine Genehmigungspflicht nicht mehr besteht.

Ein Anlaß zu der Annahme, daß der Kreis der Genehmigungen in nächster Zeit eine Erweiterung erfährt, besteht nicht, da man in Kreisen der Deutschen Bundesbank der Auffassung ist, die schrankenlose Zulassung der Wertsicherungsklauseln würde die Währung gefährden[19]. Das Wertsicherungsverbot des § 3 WG solle dem Grundsatz des Eigenwertes der Deutschen Mark Geltung verschaffen. Wenn zu viel Wertsicherungsklauseln vereinbart würden, könne die Deutsche Bundesbank eine Geldentwertung nicht verhindern, vor allem dann nicht, wenn in einem bestimmten Bereich der Wirtschaft Preissteigerungen aufträten und diese sich durch die Wertsicherungsklauseln auf andere Wirtschaftsbereiche fortpflanzen würden. Im übrigen wird darauf verwiesen, daß es nur eine wirkliche Garantie gegen Geldentwertung gäbe: eine gesunde Währungspolitik[20]. Aus dieser grundsätzlichen Einstellung heraus hält die Deutsche Bundesbank die Möglichkeiten, eine Genehmigung nach § 3 WG zu erhalten, auf die oben angegebenen Fälle – die im Grunde nur Ausnahmefälle sind – begrenzt. Der Vollständigkeit halber soll darauf hingewiesen sein, daß gegen einen ablehnenden Genehmigungsbescheid einer Landeszentralbank (als örtlich zuständige Stelle der Deutschen Bundesbank) wie gegen jeden anderen Verwaltungsakt einer deutschen Behörde Einspruch nach den Gesetzen über die Verwaltungsgerichtsbarkeit und gegen eine Zurück-

---

kauf gegen eine wertgesicherte Leibrente, wenn es sich um die Übernahme des Unterhalts handelt. Vgl. Szagunn, BB 1959, S. 819 und Fögen BB 1958, S. 1262 f.
[16] BB 1959, S. 819.
[17] Wie von Dürkes behauptet, a.a.O., 4. Auflage, S. 25, 28.
[18] BB 1958, S. 1266.
[19] Vgl. Fögen, NJW 1953, S. 1321; BB 1958, S. 1259.
[20] Geheimrat Dr. W. Vocke in: Versicherungswirtschaft 1952, S. 266.

weisung des Einspruchs Anfechtungsklage beim Verwaltungsgericht erhoben werden kann. Wenn aber die Genehmigung nur in Ausnahmefällen zu erhalten ist, so läßt das Streben der Unternehmung nach Wertsicherungen drei Fragen aufkommen:

1. Welche Folgen hat ein Verstoß gegen § 3 WG?
2. Welche Folgen hat eine Umgehung von § 3 WG?
3. Wie ist § 3 WG im einzelnen auszulegen?

Diese Fragen sollen in den folgenden Abschnitten zu beantworten sein.

c) Die Folgen eines Verstoßes gegen § 3 WG

In der Tat dürfte es in der Praxis zahlreiche Wertsicherungsvereinbarungen geben, die nach § 3 WG genehmigungspflichtig sind und für die aus Unkenntnis darüber, daß eine Genehmigungspflicht vorliegt, keine Genehmigung bei der zuständigen Landeszentralbank eingeholt worden ist. In der Regel stellt sich der Verstoß gegen die Währungsgesetzgebung erst dann heraus, wenn der Schuldner der Wertsicherungsklausel gemäß eine erhöhte Nominalleistung erbringen soll, er sich aber weigert, und die Angelegenheit zur Gerichtssache wird. Bei Rechtsgeschäften, die im Grundbuch einzutragen sind (BGB § 873), wird der Notar und der Grundbuchrichter im gegebenen Falle auf die Genehmigungspflicht hinweisen. Bei Unterlassung kann der Notar wegen Verletzung der Amtspflicht schadenersatzpflichtig werden[21].

Nach dem eindeutigen Wortlaut von § 3 WG ist es verboten, eine genehmigungspflichtige Wertsicherung ohne Vorliegen der Genehmigung zu vereinbaren. In Zweifelsfällen ist es daher ratsam, eine Negativbescheinigung der Landeszentralbank einzuholen[22].

Eine Bestrafung nach § 20 WG wegen Verstoßes gegen § 3 WG ist möglich, wenn die Vertragsparteien an einem genehmigungspflichtigen Vertrage, dessen Genehmigung versagt wurde, dennoch festhalten.

Da ein diesbezüglicher Vertrag gegen ein gesetzliches Verbot verstößt, ist er nach § 134 BGB nichtig. Der ganze Vertrag ist nach dem Urteil des BGH vom 8. 1. 1952[23] nichtig, wenn der unwirksam gewordene Teil — wie

---

[21] Vgl. BGH-Urteil vom 11. 6. 1959 (III ZR 46/58), DZ vom 13. 11. 1959, Nr. 190, S. 7; BB 1959, S. 1079.
[22] Wenn das Rechtsgeschäft nicht genehmigungspflichtig ist, erteilt die zuständige Landeszentralbank auf Antrag eine Bescheinigung, daß das Rechtsgeschäft nicht unter § 3 WG fällt. Hinweis auf das BGH-Urteil vom 15. 3. 1951, NJW 1951, S. 645 ff.; BB 1951, S. 372 f., und Dürkes, a.a.O., 4. Auflage, S. 34.
[23] NJW 1952, S. 299.

eine nicht genehmigte und nach § 3 genehmigungspflichtige Wertsicherungsklausel — mit den anderen Vertragsbestandteilen in einem derartig engen Verhältnis steht, daß ohne ihn der ganze Vertrag nicht zustandegekommen wäre. Die Wertsicherungsklausel muß ein unwesentlicher Teil des Vertrages sein, wenn die übrigen Vertragsbestandteile bei Nichtigkeit der nicht genehmigten Wertsicherungsklausel rechtswirksam bleiben soll[24]. Wenn jedoch die Vertragspartner die Rechtsunwirksamkeit bei Vertragsabschluß kannten oder kennen mußten, kann wiederum Nichtigkeit des ganzen Vertrages eintreten[25]. Genehmigungspflichtige Verträge, um deren Genehmigung nicht ersucht worden ist, sind nach den §§ 308 und 309 BGB schwebend unwirksam[26]. Der Schuldner kann in der Regel auf eine Änderung der schwebend unwirksamen Klausel klagen[27].

d) Die Umgehung von § 3 WG

Die Rechtsprechung hat übereinstimmend entschieden, daß Wertsicherungsklauseln, die eine Umgehung von § 3 WG darstellen, unzulässig sind[28]. Eine Umgehung wird immer dann angenommen werden, wenn der Vertragswille nur zum Schein auf das Vereinbarte geht. Nach § 138 Abs. 1 BGB und bei Vorliegen eines Scheingeschäftes auch nach § 117 BGB tritt Nichtigkeit bzw. Teilnichtigkeit (§ 139 BGB) ein.

Der Vertragswille muß ernstlich auf das Vereinbarte gehen, wenn eine Umgehungsabsicht von § 3 WG nicht unterstellt werden soll. Die Ernstlichkeit wird dann zu bezweifeln sein, wenn die Parteien sich schon bei Vertragsschluß darüber einig waren, daß statt des vereinbarten Sachentgeltes eine Geldzahlung geleistet werden soll, sei es in einer bestimmten Geldsumme oder im jeweiligen Geldeswert des Sachentgeltes.

Ist eine nach § 3 WG nicht genehmigungspflichtige Wertsicherungsvereinbarung gewählt worden und ernstlich gewollt, muß die Frage verneint werden, ob sie vielleicht nach § 134 BGB (Verstoß gegen ein gesetzliches Verbot) oder nach § 138 Abs. 1 (Verstoß gegen die guten Sitten) nichtig ist.

---

[24] § 139 BGB, vgl. RGZ 146 S. 366 ff; BGH-Urteile vom 8. 1. 1952, NJW 1952, S. 299; und vom 22. 10. 1958, BB 1959, S. 207, und Beschluß des OLG Oldenburg vom 27. 2. 1952.

[25] BGH-Beschluß vom 11. 3. 1952, DNotZ 1952, S. 360 ff.

[26] BGH-Urteil vom 21. 5. 1954, BB 1954, S. 579; Urteil des LG Wuppertal vom 30. 3. 1955, MDR 1955, S. 417, BGH-Urteil vom 30. 6. 1959, BB 1959, S. 868.

[27] Vgl. Dürkes, a.a.O., 4. Auflage, S. 97; Mees, NJW 1957, S. 1263; BGH-Urteil vom 29. 1. 1957, Wertpapier-Mitteilungen Teil IV B 1957, S. 401 ff.; BGH-Urteil vom 30. 6. 1959, BB 1959, S. 868; DNotZ 1959, S. 227 f.; BGH-Urteil vom 17. 12. 1959, BB 1960, S. 118.

[28] OLG Celle, NJW 1951, S. 363; LG Hildesheim, MDR 1950, S. 359. Vgl. auch Wilmanns BB 1951, S. 907 ff., sowie Eppig NJW 1949, S. 531 ff., BGH-Urteil vom 6. 7. 1959, BB 1959, S. 1006.

Eine Besonderheit gilt bei Grundstückskaufverträgen, die nach § 1 der Verordnung über die Preisüberwachung und die Rechtsfolgen von Preisverstößen im Grundstücksverkehr[29] von der Preisbehörde zu genehmigen sind. Haben die Vertragsparteien in Täuschungsabsicht ein geringeres Entgelt gerichtlich oder notariell beurkunden lassen, als sie mündlich oder privatschriftlich vereinbart haben, so gilt das beurkundete Entgelt als vereinbart (§ 4 der Verordnung). Dies gilt auch, wenn mündlich oder privatschriftlich eine Wertsicherungsklausel vereinbart ist, nach der sich ein Entgelt ergibt, das höher als das beurkundete ist[30]. Nach einem späteren BGH-Urteil[31] tritt diese Rechtsfolge aber nicht ein, wenn der Gesamtwert der Leistungen des Käufers die Höhe des beurkundeten Entgelts nicht übersteigt. In diesem Falle ist die Nichtigkeit des Vertrages nach den allgemeinen Vorschriften des BGB zu beurteilen.

e) **Die Grundsätze der Auslegung von § 3 WG in der Literatur und in der Rechtsprechung**

In zahlreichen Aufsätzen in den einschlägigen Fachzeitschriften ist immer wieder herausgestellt worden, daß der § 3 WG eine empfindliche Beschneidung der Vertragsfreiheit des Bürgerlichen Rechts darstellt, daß Wertsicherungsvereinbarungen einem echten Bedürfnis der Wirtschaft dienen und ihnen keinerlei sittlicher Makel anhaftet[32]. Die herrschende Meinung der Literatur ist, daß aus den obigen Gründen heraus § 3 WG wenn nicht beseitigt[33], so doch eng ausgelegt werden sollte[34].

Die Rechtsprechung vertritt in den bisher vorliegenden Urteilen ebenfalls den Grundsatz, daß § 3 WG eng auszulegen ist[35]. So stellt das Oberlandesgericht Celle in einem Beschluß vom 29. 7. 1952[36] wörtlich fest: „Die Bestimmung ist, worüber in Rechtsprechung und Schrifttum nahezu Einmütigkeit besteht, als Ausnahmevorschrift vom Grundsatz der Vertragsfreiheit eng und streng nach ihrem Wortlaut auszulegen."

---

[29] Vom 7. 7. 1942, RGBl. I 451, geändert durch die Verordnung PR 75/52 über die Aufhebung der Preisvorschriften für den Verkehr mit bebauten Grundstücken vom 28. 11. 1952 (BGBl. I, S. 792).
[30] BGH-Urteil vom 21. 5. 1954, BB 1954, S. 579.
[31] Vom 11. 2. 1955, DNotZ 6/1955, S. 309 f.
[32] So Dürkes, a.a.O., 4. Auflage, S. 11; Rentrop, Der Betrieb 1952, S. 170 f.; Haegele: Der Wirtschaftsprüfer 1954, S. 147.
[33] Vgl. Rentrop, Der Betrieb 1952, S. 170 f.; Empfehlungen des Deutschen Juristentages 1953, Der Betrieb, S. 798; Hammelbeck, ZfB 1954, S. 511 ff.
[34] Vgl. Eppig, NJW 1949, S. 531 ff.; Wilmanns, BB 1951, S. 907 ff.; Ranninger, DNotZ 1951, S. 396 ff.; Dürkes, a.a.O., 4. Auflage, S. 11; Haegele, Der Wirtschaftsprüfer 1954, S. 147 ff.
[35] Beschluß vom OLG Celle vom 29. 9. 1952, DNotZ 1952, S. 479. Beschluß vom OLG Braunschweig vom 25. 10. 1954, BB 1954, S. 976; BGH-Urteil vom 17. 9. 1954, BB 1954, S. 880; BGH-Beschluß vom 30. 9. 1954, BB 1954, S. 976.
[36] DNotZ 1952, S. 479.

Der Bundesgerichtshof ist noch einen Schritt weitergegangen und hat sich mehr an den Sinn statt an den Wortlaut der Bestimmung gehalten. Als Sinn des Gesetzes sieht er in Übereinstimmung mit der Bank deutscher Länder die Verhinderung des Aufkommens eines die Stabilität der Währung gefährdenden Mißtrauens und die Bewahrung der deutschen Inlandwirtschaft vor Erschütterungen durch Sicherung des Eigenwertes der Deutschen Mark[37] an. Einige Urteile, die Geldwertschuldverhältnisse und Fremdwährungsklauseln betreffen und unten zu besprechen sein werden, widersprechen sogar in ganz krasser Weise dem Wortlaut von § 3 WG[38].

Es handelt sich dabei um Fälle, bei denen die Währungsgesetzgebung besonders unbillig erscheinende Härten für den Geldgläubiger hervorgerufen hat. Der Bundesgerichtshof ist offenbar bemüht, durch entsprechende Auslegung diese Härten weitgehend zu mildern oder sogar aufzuheben.

Da die Zahl der diesbezüglichen Urteile noch gering ist, bleibt abzuwarten, ob die Rechtsprechung ihre wertsicherungsfreundliche Auslegung von § 3 WG kontinuierlich beibehält.

2. Nach § 3 des Währungsgesetzes nicht genehmigungspflichtige Wertsicherungsklauseln

a) Vorbemerkung

Es bleibt nun zu fragen, welche Wertsicherungsklauseln nicht der Genehmigung nach § 3 WG bedürfen, nachdem dargelegt worden ist, in welchen Fällen eine Genehmigung zu erwarten ist, welche Folgen ein Verstoß gegen § 3 WG oder eine Umgehung von § 3 WG haben und welche Auslegungsgrundsätze die Rechtsprechung verfolgt.

Grundsätzlich werden dabei nur solche Verträge behandelt, die nach der Währungsumstellung abgeschlossen werden. Für vor der Währungsreform geschlossene Verträge gelten die Spezialbestimmungen des Umstellungsgesetzes[1] und zu ihrer Ergänzung die §§ 11 und 12 des D-Markbilanzgesetzes[2]. Die Auslegung dieser Bestimmungen ist keineswegs einheitlich in der Literatur und in der Rechtsprechung gewesen[3]. Für diese Arbeit hat jedoch nur die Frage Bedeutung, ob die vor der Währungsumstellung vereinbarten Wertsicherungsklauseln auch der Genehmigungspflicht nach § 3 WG unterliegen, da nach dem Wortlaut von § 3 WG das Eingehen von bestimmten wertgesicherten Verbindlichkeiten – also wohl nach Erlaß

---
[37] Vgl. NJW 1953, S. 1913.
[38] Vgl. dazu die Ausführungen auf S. 41 ff. und S. 44 ff.
[1] Drittes Gesetz zur Neuordnung des Geldwesens, WiGBl. 1948, Beilage 5, S. 13.
[2] Vom 21. 8. 1949, WiGBl. S. 279.
[3] Vgl. Duden, BB 1949, S. 669 f. mit weiteren Literaturhinweisen.

des Währungsgesetzes – genehmigungspflichtig gemacht worden ist und nach herrschender Auffassung das Mark = Mark-Gesetz von der Währungsumstellung im Jahre 1948 bis zur Aufhebung im Jahre 1951 keine Bedeutung mehr hatte[4].

Es bestände so eine Lücke in der Währungsgesetzgebung, wodurch die durch das Mark = Mark-Gesetz außer Kraft gesetzten Wertsicherungen nach der Währungsreform wieder aufgelebt wären und der Genehmigungspflicht nach § 3 WG nicht unterlägen.

Die Ansichten darüber, ob eine solche Lücke besteht, sind geteilt. Nach der Auffassung von Duden[5] ist beispielsweise eine Gleitklausel bei Reichsmark-Verbindlichkeiten auf der Basis der sich nach dem Umstellungsgesetz ergebenden Schuldbeträge weiterhin wirksam, von Münzel[6] wird dies jedoch entschieden bestritten. Eppig[7], Ranninger[8] und das Oberlandesgericht Celle im Beschluß vom 13. 9. 1949[9] vertraten die Ansicht, daß alle vor der Währungsumstellung getroffenen Wertsicherungsvereinbarungen im Sinne von § 3 WG nach dieser Bestimmung genehmigungspflichtig geworden sind. Die spätere Rechtsprechung hat jedoch in mehreren Urteilen – darunter auch in einem des Oberlandesgerichts Celle – entschieden, daß Wertsicherungsvereinbarungen, die vor der Währungsumstellung getroffen worden sind und dem Mark = Mark-Gesetz nicht unterlegen hatten, nicht dem § 3 WG unterliegen, so daß dieser Streit für die Praxis als beendet angesehen werden kann[10]. Es ist jedoch nicht einzusehen, warum die Währungsgesetzgebung diese Lücke offengelassen hat. Jedenfalls ist die Rechtsprechung auch hier ihrem Grundsatz, daß § 3 WG eng auszulegen sei, getreulich gefolgt.

Nach der Währungsreform abgeschlossene Wertsicherungsklauseln unterliegen dem Währungsgesetz und sind danach entweder genehmigungspflichtig oder genehmigungsfrei. Zuerst sollen die nicht genehmigungspflichtigen Wertsicherungsklauseln dargestellt werden.

---

[4] Vgl. die Ausführungen in Abschnitt I,3.
[5] BB 1949, S. 670.
[6] JR 1949, S. 343.
[7] NJW 1949, S. 535.
[8] DNotZ 1951, S. 397.
[9] Der Betrieb 1949, S. 550.
[10] Vgl. Oberlandesgericht Celle, Beschluß vom 6. 7. 1951, MDR 1951, S. 749; BGH-Urteil vom 15. 3. 1951, BB 1951, S. 377; BGH-Urteil vom 12. 2. 1953, BB 1953, S. 246 f.; BGH-Urteil vom 14. 7. 1954, BB 1954, S. 688. Sämtliche Urteile beziehen sich auf § 3, Satz 2 WG. Satz 1 hat wegen der Devisenbewirtschaftungsgesetzgebung hier keine praktische Bedeutung. Vgl. dazu Nipperdey, BB 1951, S. 673 f. Der Bundesgerichtshof hat in seinem Urteil vom 9. 7. 1956, NJW 1957, S. 342 f. = BB 1956, S. 936 f. seine frühere Rechtsprechung bestätigt.

b) Schuldverhältnisse in Inlandwährung

α) Geldwertschuldverhältnisse

Als wichtigste Möglichkeit einer nicht genehmigungspflichtigen Wertsicherung stellt sich die Vereinbarung einer sogenannten Geldwertschuld dar. Der währungsrechtliche Begriff der Geldwertschuld ist im DM-Bilanzgesetz[11] bestimmt.

Geldwertschuldverhältnisse im Sinne von § 11 des DM-Bilanzgesetzes sind Forderungen und Verbindlichkeiten, die nicht auf einen bestimmten Betrag lauten, sondern nach dem Inhalt des Schuldverhältnisses in deutscher Währung in Höhe des Wertes einer bestimmten Menge von Edelmetallen oder von Sach- und Dienstleistungen zu erfüllen sind. Dieser Wert war in der DM-Eröffnungsbilanz anzusetzen. Schuldverhältnisse, bei denen der Wert einer bestimmten Menge von Feingold geschuldet wurde, waren jedoch mit dem Umstellungsbetrag in Deutscher Mark anzusetzen, der sich aus den Vorschriften des Umstellungsgesetzes[12] für den durch den Preis von 2790,— RM für 1 kg Feingold bestimmten RM-Betrag ergibt. Dieser Preis war durch die Verordnung über wertbeständige Rechte vom 16. 11. 1940[13] der am Umstellungsstichtag gültige und für die Umstellung gemäß § 13, Absatz 3 anzuwendende Preis. Derartige Feingoldschulden waren — so ist aus der Bestimmung des § 11 des DM-Bilanzgesetzes zu folgern — am Umstellungsstichtag nicht Geldwertschulden, sondern Geldbetragsschulden, denn sie lauteten nicht auf den Wert von Feingold, sondern auf einen bestimmten Reichsmarkbetrag. In der Regel wurden diese Feingoldschulden, die ursprünglich Geldwertschulden waren, nach § 16, Absatz 1 des Umstellungsgesetzes im Verhältnis von 10 Reichsmark zu 1 Deutscher Mark auf Deutsche Mark umgestellt.

Aus dem Inhalt von § 11 des DM-Bilanzgesetzes ist der Schluß gezogen worden, daß die übrigen oben angegebenen Geldwertschuldverhältnisse nicht der Umstellung unterliegen, sondern unangetastet ihrem ursprünglichen Inhalte nach bestehen geblieben sind[14].

Dieser Schluß ist jedoch nicht unbestritten. Nach *Schmölder/Gessler/Merkle*[15] unterliegen nur solche Geldwertschuldverhältnisse im Sinne von § 11 des DM-Bilanzgesetzes nicht der Umstellung, bei denen vor der Währungsumstellung der Schuldbetrag nicht bestimmt und nicht bestimmbar war. Ist dies nicht der Fall, so ist der Schuldbetrag nach der Auffassung von *Schmölder/Gessler/Merkle*[16] mit dem Geldbetrag nach den Vorschrif-

---

[11] Vom 21. 8. 1949, WiGBl. S. 279.
[12] §§ 13, 16, 18.
[13] i. V. mit § 14, 2 des Reichsbankgesetzes vom 15. 6. 1939, RGBl. 1939, S. 1015.
[14] So u. a. Dürkes, a.a.O., 4. Auflage, S. 15 f.
[15] Kommentar zum DM-Bilanzgesetz, Stuttgart 1950, S. 178.
[16] a.a.O., S. 178.

ten des Umstellungsgesetzes auf Deutsche Mark umzustellen, der dem Wert am Tage der Eingehung der Schuld entsprach. *Duden*[17] weicht von *Schmölder/Gessler/Merkle* insofern ab, als nach seiner Meinung der Stand der Verbindlichkeiten bei Inkrafttreten der Mark = Mark-Vorschriften für den Umstellungsbetrag maßgebend sein soll. Da Geldwertschulden in der großen Mehrzahl zu einem Stichtag auf einen bestimmten Nennbetrag bestimmbar sind, wären sie nach dieser Auffassung nur in Ausnahmefällen nicht nach den Vorschriften des Umstellungsgesetzes umzustellen. Ein solcher Ausnahmefall wäre z. B. ein Pachtzins, der nach dem Preis einer bestimmten Menge von Produkten sich richtet, die zum fraglichen Zeitpunkt noch nicht hergestellt waren und noch ohne Preis waren.

In der Tat ist auch nach der Meinung von *Duden*[18] eine gewisse Willkür der Gesetzgebung nicht zu verleugnen, wenn die vor der Währungsreform eingegangenen Geldwertschulden eine andere Behandlung in der Umstellung erführen als die Geldbetragsschulden mit Wertsicherungsklauseln.

Wenn die Gläubiger von Geldwertschulden besser als die von Geldbetragsschulden mit Wertsicherungsklauseln gestellt werden, so ist es auch nicht einzusehen, mit welcher Berechtigung die Geldwertschuldverhältnisse, deren Geldbetrag sich nach dem Wert einer bestimmten Menge von Feingold richtet, den Geldbetragsschulden gleichgestellt werden sollen. Dies spricht für die Auffassung, daß nur solche Geldwertschuldverhältnisse im Sinne von § 11 des DM-Bilanzgesetzes der Umstellung nicht unterliegen, bei denen vor der Währungsreform der Schuldbetrag nicht bestimmt und nicht bestimmbar war.

Es scheint aber das Schicksal der Wertsicherungen zu sein, daß ihre Behandlung im Laufe der Zeit eine völlig andere ist, als die Gläubiger bei Vertragsschluß erwartet haben, und daß es immer wieder Formen der Wertsicherungen gibt, deren Effekte durch Akte der Gesetzgebung verloren gehen, während andere – die vielleicht nur zufällig anders formuliert worden sind – unbeschadet bestehen bleiben.

Im § 13, Absatz 1 des Umstellungsgesetzes wird nämlich vom Gesetzgeber ausdrücklich gesagt, daß Schuldverhältnisse im Sinne des Gesetzes alle auf die Zahlung einer Geldsumme gerichteten Forderungen sind (mit Ausnahme der Guthaben bei Bankinstituten, deren Behandlung im Teil I des Gesetzes geregelt wird). Im Absatz 3 heißt es weiter: Reichsmarkverbindlichkeiten und Reichsmarkforderungen im Sinne dieses Gesetzes sind alle Verbindlichkeiten und Forderungen aus vor dem 21. Juni 1948 begründeten Schuldverhältnissen (Abs. 1), die auf Reichsmark, Rentenmark oder Goldmark lauten oder nach den vor dem Inkrafttreten des Währungsge-

---

[17] BB 1949, S. 670 unter c).
[18] BB 1949, S. 670 unter c).

setzes in Geltung gewesenen Vorschriften in Reichsmark zu erfüllen gewesen wären. Daß danach die Geldwertschuldverhältnisse, deren Geldbetrag sich nach einer bestimmten Menge von Feingold richten soll, im Verhältnis 2790 RM : 1 kg Feingold der Umstellung unterliegen, wurde bereits oben gesagt. Aus dem Wortlaut dieser Bestimmung geht aber andererseits klar hervor, daß die übrigen Geldwertschuldverhältnisse von der Umstellung ausgenommen werden, da sie weder auf Reichsmark, Rentenmark oder Goldmark lauten, noch nach den vor Inkrafttreten des Währungsgesetzes in Geltung gewesenen Vorschriften − etwa nach dem Mark = Mark-Gesetz − in Reichsmark zu erfüllen gewesen wären.

Auf die Bestimmbarkeit zu einem Stichtag kommt es nicht an. Diese Auffassung ist bereits von *Geiler/Stehlik/Veith*[19] vertreten und in der Rechtsprechung[20] bestätigt worden. Die Auslegung von *Schmölder/Gessler/Merkle*[21] sowie die von *Duden*[22] können somit kaum aufrechterhalten werden, da es an einer entsprechenden Bestätigung in der Rechtsprechung fehlt. Der Begriff der Geldwertschuld im Sinne des DM-Bilanzgesetzes ist also genau der, wie er aus dem Wortlaut von § 11 dieses Gesetzes hervorgeht.

In der Praxis ergaben sich jedoch in der Bestimmung, was Geldwert- und was Geldbetragsschuld ist, Zweifelsfälle, die z. T. vor Gericht gingen. Der Bundesgerichtshof hat in seinem Beschluß vom 26. 6. 1952[23] das Vorliegen einer Geldwertschuld auch dann angenommen, wenn zwar ein bestimmter Ausgangsnennbetrag in Reichsmark vereinbart, der wirkliche Umfang der geschuldeten Leistung jedoch nur unter Zuhilfenahme eines weiteren Wertmaßstabes zu errechnen war. Es muß den Vertragsparteien bei Vertragsschluß auf eine Geldwertschuld angekommen sein; ob sie bei der Formulierung den Wert bei Vertragsschluß in Reichsmark angegeben haben oder nicht, ist ohne Belang.

In dem bereits angeführten Urteil des Bundesgerichtshofes vom 12. 2. 1953[24] lag folgender Tatbestand zu Grunde: Die Parteien hatten einen Darlehnsvertrag über 130 000 Reichsmark geschlossen und festgestellt, daß bei Vertragsschluß dieser Betrag 13 000 Zentnern Weizen entspricht. Bei der Rückzahlung des Darlehns sollte der Wert von den des Rückzahlungsbetrages entsprechenden Zentnern Weizen zu Grunde zu legen und dem Gläubiger die daraus sich ergebende Summe in bar zu zahlen sein.

---

[19] Kommentar zum DM-Bilanzgesetz, München und Berlin, 1950, S. 131.
[20] Oberlandesgericht Braunschweig, Urteil vom 12. 4. 1949, JR 1950, S. 154 f.; BGH-Urteil vom 7. 5. 1951, NJW 1951, S. 841 f.
[21] a.a.O., S. 178.
[22] BB 1949, S. 670.
[23] NJW 1952, S. 1172 f.
[24] BB 1953, S. 246 f., auch JR 1953, S. 388 f. NJW 1953, S. 662 f. Vgl. auch das BGH-Urteil vom 9. 7. 1956, BB 1956, S. 936 f. und NJW 1957, S. 342 f., und Reinicke, MDR 1953, S. 386 f.

Sollten 10 000 Reichsmark beispielsweise zur Rückzahlung gelangen und war am Rückzahlungstage der Weizenpreis 24 RM/dz, so war der Wert von 1 000 Ztr. Weizen gleich 12 000 Reichsmark zu zahlen.

Die noch nicht getilgte Schuld lautete nach der Auffassung des Bundesgerichtshofes am Stichtag der Währungsumstellung nicht auf Reichsmark, sondern auf den Wert in Deutscher Mark einer bestimmten Weizenmenge am späteren Zahlungstage. Es handele sich nicht um eine Reichsmarkverbindlichkeit nach § 13, Abs. 3, Satz 1 des Umstellungsgesetzes; das Mark = Mark-Gesetz wäre also nicht zum Zuge gekommen. Dies ist aber nur möglich, wenn angenommen wird, daß es sich von vornherein um eine Geldwertschuld gehandelt hat. Entscheidend ist es für den Bundesgerichtshof, daß die zu zahlenden Geldbeträge nach dem Weizenpreis des Zahlungstages berechnet werden sollen. Es ist für ihn gleichgültig, daß bei der Festsetzung der zu Grunde zu legenden Weizenmenge von dem Darlehnsbetrag ausgegangen wird.

Hätten die Parteien so formuliert: „Geschuldet werden 130 000 Reichsmark. Der Schuldbetrag erhöht und vermindert sich, wie sich der Weizenpreis am Rückzahlungstag gegenüber dem heutigen Weizenpreis von 100 RM/Zentner erhöht oder vermindert", so wäre diese Verbindlichkeit unter das Mark = Mark-Gesetz gefallen und als Geldbetragsschuld der Umstellung unterlegen[25].

Dies ist wiederum ein Beispiel dafür, daß — man kann es nicht anders bezeichnen — Zufälligkeiten in der Formulierung einer Wertsicherungsvereinbarung Anlaß zur verschiedenen Auslegung und zu einer u. U. nachteiligen Behandlung führen können.

Das letztgenannte Urteil des Bundesgerichtshofes vom 12. 2. 1953 ist aber noch aus einem anderen Grunde erwähnenswert.

Der Bundesgerichtshof sagt nämlich in diesem Urteil folgendes: § 3 WG steht dem nicht entgegen, daß die von den Parteien getroffene Wertpreisvereinbarung auch für die Zeit nach der Währungsreform von Bedeutung bleibt, denn § 3 WG bezieht sich nicht auf Geldwertschulden und außerdem nicht auf Vereinbarungen, die vor der Währungsreform getroffen sind. Der Bundesgerichtshof ist also der Auffassung, daß nach der Währungsumstellung eingegangene Geldwertschulden nicht nach § 3 WG der Genehmigung bedürfen[26]. Eine Begründung dieser neuen Auffassung gibt der Bundesgerichtshof nicht.

---

[25] So BGH-Urteil vom 15. 3. 1951, BB 1951, S. 377. Der Schuldner war in diesem Falle zur Darlehnsrückzahlung in einem Betrag verpflichtet, der dem Wert nach der Währungsreform der zur Sicherheit übereigneten Gegenstände entspricht. Vgl. auch BGH-Urteil vom 17. 10. 1957, BB 1958, S. 537 f.

[26] Gleicher Auffassung: Oberlandesgericht Celle im Beschluß vom 6. 7. 1951, MDR 1951, S. 749.

Sie ist großen Bedenken begegnet, da nach *Duden*[27], *Fögen*[28], *Reinicke*[29], *Ranninger*[30] und *Dürkes*[31] der Wortlaut von § 3 WG sie in keiner Weise zu stützen geeignet sei und die Nichtanwendbarkeit des § 3 Satz 2 WG auf Geldwertschuldverhältnisse seinen Inhalt völlig aushöhlen würde. Diese Auffassung kann jedoch nicht unbestritten bleiben.

Der Bundesgerichtshof ist ohne Zweifel auch in diesem Urteil dem Grundsatze gefolgt, daß § 3 WG eng auszulegen sei. Die Bestimmung lautet, daß Geldschulden, deren Betrag in Deutscher Mark durch .... den Preis oder eine Menge von Feingold oder von anderen Gütern oder Leistungen bestimmt werden soll, der Genehmigungspflicht unterliegen. Geldbetragsschulden, die mit einer solchen Wertsicherungsklausel versehen sind, fallen also unstreitig unter das Gesetz.

Geldbetrags- und Geldwertschuld sind Unterarten der Geldschuld. Wie *Geiler/Stehlik/Veith*[32] richtig ausführen, hat die Geldwertschuld nur ihren scheinbaren Partner in der Sachwertschuld. Die Sachwertschuld ist eben nach dem Wert der betreffenden Sache zu erfüllen, und zwar in der Regel in Geld. Zu den Geldwertschuldverhältnissen zählen auch gewisse Schadenersatzansprüche, Ansprüche des Rückerstattungsrechts und des Gesellschaftsrechts, sowie Unterhaltsansprüche. In all diesen Fällen wird von der Sachleistung Abstand genommen, entweder weil diese gar nicht möglich – wie bei Schadenersatzansprüchen – oder nur unter Wertminderungen – wie im Gesellschaftsrecht – durchführbar ist. Die Geldwertforderung ist demnach ihrem Ursprung und Wesen nach nicht auf eine Geld-, sondern auf eine Wertleistung gerichtet. Wertleistung heißt so viel wie: Der Gläubiger soll sich durch die Wertleistung wirtschaftlich so stellen, als wenn er die Sache selbst erhalten hätte. Als Wert der Sache wird aber durchweg ihr Preis angenommen.

Wenn § 3 Satz 2 WG streng nach dem Wortlaut ausgelegt werden soll, müßten z. B. sämtliche Schadenersatzansprüche, die in Geld statt durch Naturalrestitution erfüllt werden, der Genehmigungspflicht unterliegen, da sich der Geldbetrag nach dem Wert der Sache richtet. Das hat der Gesetzgeber aber nicht beabsichtigt und ist auch nicht so[33]. Es ist auch nie in Zweifel gezogen worden, daß z. B. die wertbeständigen Versicherungsverhältnisse wie gleitende Neuwertversicherung und die Wertzuschlagsklauseln in der Schadenversicherung nicht der Genehmigung des § 3, Satz 2 WG

---

[27] JZ 1953, S. 339 f.
[28] NJW 1953, S. 1324.
[29] MDR 1953, S. 385 ff.
[30] DNotZ 1951, S. 396 ff.
[31] a.a.O., 4. Auflage, S. 45.
[32] a.a.O., S. 118.
[33] Bescheid der Bank deutscher Länder vom 20. 6. 1955, und Fögen, BB 1958, S. 1262.

benötigen³⁴. Was für eine Art von Geldwertschuldverhältnissen gilt, muß aber auch für die anderen gelten. Daraus kann wohl der Schluß gezogen werden, daß der Gesetzgeber mit seiner Formulierung „Geldschulden, deren Betrag .... durch .... den Preis .... von Gütern oder Leistungen bestimmt werden soll" nur auf Geldbetragsschulden abgestellt hat. Er sieht demnach – wie im Mark = Mark-Gesetz – die Geldwertschuldverhältnisse als ungefährlich für das Vertrauen in die Währung an.

Das oben angegebene Urteil des Bundesgerichtshofes vom 12. 2. 1953 kann nur als Bestätigung dieser Auffassung ausgelegt werden. In seinem Urteil vom 14. 7. 1954³⁵ hat der Bundesgerichtshof erneut entschieden, daß § 3, Satz 2 WG nicht auf Geldwertschuldverhältnisse anzuwenden ist. Wie *Szagunn*³⁶ dazu anführt, erteilten die Bank deutscher Länder und die Landeszentralbanken ständig Negativbescheinigungen des Inhaltes, daß die Vereinbarung von Geldwertschulden nicht unter § 3 WG falle. Eine derartige Bescheinigung nimmt dem Schuldner die Möglichkeiten, sich auf die Unwirksamkeit des Vertrages wegen § 3 WG zu berufen, da die Rechtsprechung die Genehmigungsfreiheit bejahen sollte, wenn sie bereits von der zuständigen Behörde bejaht worden ist³⁷.

Schließlich hat das Bundeswirtschaftsministerium dadurch, daß es in verschiedenen Preisanordnungen Preisvorbehalte für zulässig erklärt, seine Auffassung zu erkennen gegeben, daß es § 3 des Währungsgesetzes für Preisvorbehalte nicht anwendbar hält. Schuldverhältnisse mit Preisvorbehaltsklauseln sind aber nichts anderes als Geldwertschuldverhältnisse³⁸. Eine Abwertung erfolgte bei der Währungsreform nicht³⁹.

Preisvorbehaltsklauseln sind solche Klauseln, nach denen der Verkaufspreis erst bei Lieferung oder bei Fakturierung festgesetzt wird⁴⁰. Bei Vertragsschluß wird kein Preis genannt oder wenn einer genannt wird, bleibt

---

³⁴ Vgl. dazu: Sieg, BB 1953, S. 16 f.
³⁵ BB 1954, S. 688.
³⁶ BB 1955, S. 970. Nach Fögen, BB 1958, S. 1263, besteht dagegen Genehmigungspflicht.
³⁷ So BGH-Urteil vom 15. 3. 1951, BB 1951, S. 372 f.
³⁸ So auch Skaupy, BB 1950, S. 571. Vgl. dazu das BGH-Urteil vom 4. 4. 1951, BGHZ 1, S. 353 und den Aufsatz „Preisvorbehaltsklauseln" (Ergebnis des Arbeitskreises Gubitz der Schmalenbach-Gesellschaft), ZfhF 1956, S. 186 ff. mit der dort angegebenen Literatur.
³⁹ Vgl. dazu: Bergmann, NJW 1948, S. 406; Duden, DRZ 1948, S. 335; Bruns MDR, S. 402; Petersen, MDR 1949, S. 20; Urteil des Oberlandesgerichts München vom 4. 4. 1950, MDR 1950, S. 487; Urteil des Oberlandesgerichts Braunschweig vom 12. 4. 1949, MDR 1950, S. 550; Urteil des Landesgerichts Hildesheim vom 12. 1. 1950, MDR 1950, S. 359.
⁴⁰ Preisvorbehalte in Angeboten können schon deswegen nicht mehr unter § 3 WG fallen, da sie noch kein Schuldverhältnis begründen. Vgl. Fögen, BB 1958, S. 1260.

ausdrücklich Änderung oder Neufestsetzung vorbehalten. Ein einseitiger Preisvorbehalt ist unwirksam und bindet den anderen Vertragsteil nicht. Es ist also wesentlich, daß er von beiden Vertragspartnern vereinbart wird. Eine derartige Vereinbarung liegt z. B. auch vor, wenn der Vorbehalt in den Lieferbedingungen des Lieferwerkes enthalten ist und die Auftragsbestätigung des Vertragspartners diese Lieferbedingungen uneingeschränkt anerkennt.

Die Preisvorbehaltsklauseln sind vielgestaltig. In den Kaufverträgen von Gütern, für die Listenpreise vorliegen, findet sich der Preisvorbehalt: „Listenpreis am Liefertage". Da der jeweilige Listenpreis Käufer und Verkäufer bekannt ist oder bekannt sein müßte, können sich über die Höhe des anzuwendenden Preises keine Streitigkeiten ergeben.

Bei Gütern, die einen amtlich notierten und jederzeit feststellbaren Preis (z. B. auf Grund der Notierungen an einer Produktenbörse) haben, sind Klauseln anzutreffen, wonach „der am Liefertag gültige Preis" anzusetzen ist. Auch diese Klauseln dürften eindeutig sein, wenn es feststeht, auf Grund welcher Notierungen der „gültige Preis" ermittelt werden soll. Bei anderen Gütern könnte eine solche Klausel leicht Unstimmigkeiten zwischen den Parteien hervorrufen, da der Feststellbarkeit oft große Schwierigkeiten entgegenstehen und auch Grenzen gesetzt sind.

Weitere Preisvorbehaltsklauseln sind die Vereinbarungen „Preis freibleibend" und „Preisbestimmung vorbehalten". Ihrem Inhalte nach sind sie gleich.

In einem höchst bedeutsamen Urteil vom 4. 4. 1951[41] hat der Bundesgerichtshof entschieden, daß unter Umständen dem Besteller ein Rücktrittsrecht vom Vertrage mit einer Preisvorbehaltsklausel zusteht, ohne daß es vertraglich vereinbart war. In dem betreffenden Fall hatte sich der Verkäufer bei Vertragsschluß eine Berichtigung des Preises vorbehalten, falls die Löhne und Eisenbahntarife sowie die Material- und Brennstoffpreise sich ändern sollten. Der Bundesgerichtshof stellt fest, daß die regelmäßige Bedeutung derartiger Verträge mit Preisklauseln dahingeht, die endgültige Preisbestimmung dem Verkäufer nach billigem Ermessen, jedoch in Übereinstimmung mit den jeweiligen Marktpreisen und der jeweiligen Wirtschaftslage zu überlassen, hält aber im Einzelfall eine Auslegung für möglich, wonach der Verkäufer berechtigt sein soll, von dem geschlossenen Vertrag in dem vorbehaltenen Punkte abzugehen und ein neues Vertragsangebot mit einem höheren Preis zu machen, das der Besteller ablehnen oder annehmen kann.

Um Streitigkeiten bei der Auslegung eines Vertrages mit Preisvorbehaltsklauseln zu vermeiden, ist es zweckmäßig, daß der Besteller sich ein Rücktrittsrecht vorbehält, falls er an einem eventuellen Rücktritt interessiert ist.

---

[41] BB 1951, S. 486.

Nach § 3 WG nicht genehmigungspflichtige Wertsicherungsklauseln

Bei den Klauseln „Preis freibleibend", „Preisbestimmung vorbehalten" und u. U. „Preis des Liefertages" hat die Bestimmung des Preises nach billigem Ermessen zu erfolgen (§§ 315, 317 BGB). Eine vertragliche Vereinbarung ist zweckmäßig, ob sie durch einen der Vertragsschließenden, durch einen Dritten, durch eine Gutachterkommission, durch einen Schiedsgutachter (§§ 317—319 BGB) oder durch ein Schiedsgericht (§§ 1025 ff ZPO) vorgenommen werden soll.

Bei preisgebundenen Gütern findet sich in den Verträgen ein „Vorbehalt einer Nachberechnung im Falle einer späteren gesetzlichen, rückwirkenden Preiserhöhung". Es ist eine Streitfrage gewesen, ob die Nachberechnung auch erfolgen darf, wenn ein solcher Vorbehalt nicht gemacht worden ist. Der Bundesgerichtshof hat jedoch in seinem Urteil vom 13. 4. 1951[42] entschieden, daß Lieferer von Strom und Wasser berechtigt sind, die auf Grund der Preisanordnungen 53/48 vom 21. 6. 1948 für elektrischen Strom[43] und 99/48 vom 14. 9. 1948 für Wasser[44] erhöhten Preise zu fordern, auch wenn sie höher als die vorher mit den Abnehmern vereinbarten Preise sind. Für Strom galt die Preiserhöhung ab 21. 6. 1948, für Wasser vom 1. 8. 1948. Bettermann[45] bestreitet die Richtigkeit dieser Entscheidung, weil auf dem Gebiet von Strom und Wasser nach Ziffer II 4 der Leitsätze für die Bewirtschaftungs- und Preispolitik nach der Geldreform, und nach § 1 der Preisfreigabeanordnung nur Höchstpreisvorschriften erlassen werden durften, und die oben genannten Preisanordnungen nur die öffentlich-rechtliche, nicht aber die privatrechtliche Befugnis verleihen, rückwirkend den Höchstpreis zu verlangen. Auch die Wirtschaftsvereinigung Nichteisenmetalle hält die Entscheidung des Bundesgerichtshofes für sehr bedenklich[46]. Es sind jedoch keine späteren Urteile bekannt geworden, in denen der Bundesgerichtshof von seinem Urteil vom 13. 4. 1951 abweichende Auffassungen vertreten hätte. Die Einfügung der obigen Vorbehaltsklausel in den Vertrag schließt Zweifel und Streitigkeiten in dieser Frage aus.

Die genannten Preisvorbehaltsklauseln können so abgefaßt werden, daß ein fester Preis vereinbart wird, die Vorbehaltsklausel jedoch bei Eintreten eines bestimmten Ereignisses wirksam wird. So gibt es Klauseln, nach denen der Käufer berechtigt ist, bei steigenden Gestehungskosten eine entsprechende Preiserhöhung zu beanspruchen. Bei Bauleistungen gibt es nach §§ 15—17 der Baupreisverordnung[47] verbindlich vorgeschriebene Preisvorbehaltsklauseln, die sowohl zu Gunsten wie zu Ungunsten einer

---

[42] BB 1951, S. 428.
[43] Mitt. Bl. VfW, Teil II, 1948, S. 44.
[44] Mitt. Bl. VfW, Teil II, 1948, S. 152.
[45] MDR 1951, S. 528.
[46] Rundschreiben Nr. 49/51 vom 28. 8. 1951.
[47] PR 32/51, Bundesanzeiger Nr. 92 vom 17. 5. 1951.

jeden Partei wirken können. Von ihnen wird noch bei Erörterung der Kostenelementsklauseln die Rede sein, jedoch soll diese preisrechtliche Einschränkung der Vertragsfreiheit hier nicht unerwähnt bleiben, die allerdings nur öffentliche oder mit öffentlichen Mitteln finanzierte Bauaufträge betrifft. Auch eine Vereinbarung, wonach bei Gewährung von Unterhalt der Geldbetrag durch den jeweiligen Geldwert eines bestimmten Warenkorbes bestimmt wird, ist als Vorbehaltsklausel nicht genehmigungspflichtig[48].

Eine Vorbehaltsklausel, nach der der Verkäufer berechtigt ist, bei steigenden Gestehungskosten eine entsprechende Preiserhöhung vorzunehmen, ist nach dem Urteil des Bundesgerichtshofes vom 3. 10. 1953[49] nicht dahin auszulegen, daß auch der Käufer bei sinkenden Wiederbeschaffungspreisen zu einem Preisabschlag berechtigt ist. Dazu bedarf es ausdrücklicher Vereinbarung, oder es muß in der Klausel nicht auf eine Preiserhöhung, sondern auf eine Preisveränderung mit dem Zusatz abgestellt werden, daß der Vorbehalt für beide Teile wirken soll.

Nach der Währungsreform vereinbarte Preisvorbehalte in den oben genannten Fassungen sind nach § 3 des Währungsgesetzes zulässig[50]. Dies ergibt sich nicht aus dem Wortlaut der Bestimmung, sondern daraus, daß die Schuldverhältnisse mit Preisvorbehaltsklauseln als Geldwertschuldverhältnisse zu betrachten sind. Es gibt jedoch Ausnahmen.

Als eine Gruppe von Ausnahmen wird man Klauseln ansehen müssen, die auf einen festen Nennbetrag lautende Forderung dann durch eine neue ersetzen wollen, wenn eine Abwertung stattfindet. Bei dem Urteil des Bundesgerichtshofes vom 15. 2. 1952[51] ging es um eine derartige Klausel, die vor der Währungsumstellung im Jahre 1948 vereinbart worden war. Nach diesem Urteil kann ein Vorbehalt der Neufestsetzung nach einer Abwertung nicht anders behandelt werden als eine Wertsicherungsklausel, bei der dasselbe Ziel dadurch erreicht wird, daß der Preis bestimmter Sachgüter dem in neuer Währung zu zahlenden Betrag zugrundegelegt wird. In dem vorliegenden Tatbestand sollte durch den Preisvorbehalt nur die Wirkung einer Abwertung für den Gläubiger ausgeschaltet werden. Es

---

[48] Vgl. Dürkes, a.a.O., 3. Auflage, S. 32; Fögen NJW 1953, S. 1323; Szagunn BB 1955, S. 971.
[49] BB 1953, S. 925 f.
[50] Wilmanns, BB 1951, S. 908; Reinicke, MDR 1953, S. 389; Henn, MDR 1958, S. 461; Dürkes, BB 1958, S. 795 f.; Fögen, BB 1958, S. 1261; Dürkes, a.a.O., 4. Auflage, S. 38 ff.; Urteil vom 3. 10. 1953, BB 1953, S. 925 f. = JZ 1954, S. 356 f.; vom 18. 10. 1956, BB 1956, S. 1089 f. = NJW 1957, S. 342 f.; vom 21. 10. 1958, BB 1958, S. 1220.
Im BGH-Urteil vom 28. 11. 1956, BGHZ 22, S. 220, NJW 1957, S. 98 f. wurde auch der Vorbehalt der Anpassung eines Erbbauzinses an die veränderten Umstände als genehmigungsfrei behandelt. Hinweis auf das Urteil des Oberlandesgerichts Stuttgart vom 18. 7. 1958, Der Betrieb 1958, S. 1008.
[51] BB 1952, S. 304 = Betrieb 1952, S. 327. Vgl. auch das Urteil des Bundesgerichtshofes vom 15. 3. 1951, MDR 1951, S. 417.

Nach § 3 WG nicht genehmigungspflichtige Wertsicherungsklauseln

handelte sich um eine Geldbetragsschuld, die den Vorschriften des Umstellungsrechtes unterlag. Vorbehaltsklauseln aus der Zeit vor der Währungsumstellung in Verträgen, bei denen eine echte Wertleistung gewollt war, wurden von der Umstellung nicht betroffen und sind heute noch wirksam[52].

Die beiden anderen Ausnahmegruppen betreffen sogenannte Spannungsklauseln und Kostenelementsklauseln, die unten zu besprechen sein werden. Diese Wertsicherungsklauseln sind im gewissen Sinne zwar auch Preisvorbehaltsklauseln, jedoch handelt es sich bei den betreffenden Schuldverhältnissen nicht um Geldwertschuldverhältnisse, da nicht auf den Wert (gleich Preis) des Gutes oder der Leistung abgestellt wird.

β) Spannungsklauseln

Bereits in seinem Urteil vom 24. 11. 1951[53] hat der Bundesgerichtshof eine Entscheidung gefällt, die bei enger Auslegung mit dem Wortlaut von § 3 des Währungsgesetzes unvereinbar ist. Dieses Urteil betraf eine sogenannte „Spannungsklausel".

Die Entwicklung des Begriffes der Spannungsklausel ist der Rechtsprechung nach der Währungsumstellung im Jahre 1948, insbesonders dem genannten Urteil des Bundesgerichtshofes, vorbehalten geblieben. Es betraf eine Vertragsklausel, nach der sich eine Rente von ursprünglich 1 000 Reichsmark in dem Maße wie das Tarifgehalt der Klasse C für Wuppertal oder, bei Fortfall oder Umgestaltung dieses Tarifes, wie das entsprechende, üblicherweise gezahlte Angestelltengehalt erhöhen sollte. Wesentlich für die Beurteilung des Vertrages ist, daß die Rente auch erhöht werden sollte, wenn das maßgebliche Angestelltengehalt aus einem anderen Grunde als demjenigen der Geldentwertung erhöht würde.

Die Verbindlichkeit lautete auf Reichsmark und der Betrag sollte durch einen anderen Wertmesser bestimmt werden. Der Bundesgerichtshof hat dennoch verneint, daß eine Wertsicherungsklausel im Sinne des Mark = Mark-Gesetzes bzw. von § 3 Satz 2 des Währungsgesetzes vorliegt. Er begründet seine Auffassung damit, daß es den Vertragsparteien darauf angekommen sei, eine gewisse Spanne zwischen dem maßgeblichen Angestelltengehalt und der Rente aufrechtzuerhalten. Eine Wertsicherung der Rente vor einer Geldentwertung – die also als gefährlich für die Währungsmoral angesehen werden müßte – wäre demnach nicht beabsichtigt gewesen. Das deckt sich mit der Vereinbarung, daß die Rente auch dann erhöht werden sollte, wenn das maßgebliche Gehalt auch aus einem anderen Grunde als demjenigen der Geldentwertung eine Erhöhung erfühne, nicht vollkommen, steht aber auch nicht im Widerspruch dazu.

---

[52] Vgl. Skaupy, BB 1950, S. 571.
[53] BB 1952, S. 88 f. = Betrieb 1952, S. 100. Vgl. dazu auch DNotZ 1952, S. 120, und NJW 1952, S. 377.

Daß derartige Spannungsklauseln einer Genehmigung nach § 3 des Währungsgesetzes nicht bedürfen, ist bereits von *Nipperdey*[54] angenommen worden.

In der späteren Literatur[55] wurde zwischen Wertsicherungsklausel und Spannungsklausel ein Gegensatz erblickt. Wenn man von dem einleitend erläuterten und hier verwendeten Begriff der Wertsicherung ausgeht, besteht ein solcher Gegensatz jedoch nicht. G. u. D. *Reinicke*[56] sagen mit Recht, daß der Begriff der Spannungsklausel in der Sache verfehlt ist, da eine Spannung bei jeder Wertsicherungsklausel gegeben sei und die für diesen Begriff entwickelten Grundsätze auch dann gelten sollten, wenn der vereinbarte Anspruch ebenso groß wie das Vergleichsgehalt, der Abstand also gleich Null und eine Spannung nicht vorhanden sei. Gleichwohl ist dieser Terminus in Rechtsprechung und Schrifttum gebräuchlich geworden.

Inzwischen gibt es mehrere Urteile des Bundesgerichtshofes, die sich mit der Frage befassen, wann eine nicht nach § 3 Satz 2 des Währungsgesetzes genehmigungspflichtige Spannungsklausel vorliegt. Im Urteil vom 14. 7. 1954[57] entschied er, daß sich eine Pension nach beamtenrechtlichen Versorgungsbezügen richten könne, ohne daß eine Genehmigungspflicht nach § 3 Satz 2 WG vorläge.

In den Urteilen vom 17. 9. 1954[58] und vom 30. 9. 1954[59] gibt es folgende Begriffsbestimmung für die Spannungsklausel: Die Spannungsklausel hält eine Beziehung fest, die auch in Zukunft zwischen zwei Geldleistungen bestehen soll, die aus im wesentlichen gleichartigen Rechtsgründen zu erbringen sind. Nach der Begriffsbestimmung des Bundesgerichtshofes ist es entscheidend, ob die Parteien auf einen „artgleichen" Wertmesser Bezug genommen haben.

Als artgleiche Wertmesser gelten betriebs- oder brancheneigentümliche Vergleichsgrößen, standesgemäßer oder angemessener Unterhalt und ortsübliche Wertmaßstäbe. In dem oben angegebenen Urteil des Bundesgerichtshofes vom 24. 11. 1951 war die Bedingung des artgleichen Wertmessers nicht ausdrücklich angegeben worden.

Durch das Arbeiterrentenversicherungs-Neuregelungsgesetz vom 23. Februar 1957[60] und das Angestelltenversicherungs-Neuregelungsgesetz vom

---
[54] BB 1951, S. 673 f.
[55] NJW 1955, S. 51 f.: Die Bezugnahme auf Beamtengehälter als Spannungs- oder Wertsicherungsklausel von G. u. D. Reinicke.
[56] a.a.O., S. 51 f.
[57] BB 1954, S. 688.
[58] BB 1954, S. 880; BGHZ 14, S. 306.
[59] BB 1954, S. 976.
[60] BGBl. I, S. 45.

23. 2. 1957[61] ist die Rentenberechnung mit einer Spannungsklausel versehen worden.

Die Bank deutscher Länder als die im § 3 des Währungsgesetzes genannte Genehmigungsstelle stimmte dem in der Rechtsprechung des Bundesgerichtshofes entwickelten Begriff der Spannungsklausel zu. Sie hatte bereits in einem Bescheid vom 14. 8. 1951[62] zum Ausdruck gebracht, daß nach ihrer Auffassung die Koppelung der von einem Betrieb zu zahlenden Renten an die Angestelltengehälter desselben Betriebes nicht nach § 3 Satz 2 des Währungsgesetzes genehmigungspflichtig sei. In einer von *Dürkes* eingeholten Stellungnahme der Bank deutscher Länder vom 6. 1. 1953[63] heißt es u. a.:

„Der Anwendungsbereich des § 3 Satz 2 des Währungsgesetzes umfaßt nur solche Vereinbarungen, nach denen der geschuldete Betrag durch den Kurs einer fremden Währung, oder durch den künftigen Preis oder Wert anderer Güter oder Leistungen als derjenigen bestimmt werden soll, welche die Gegenleistung des Geldgläubigers darstellen sollen."

Daraus geht hervor, daß jede Spannungsklausel in dem vom Bundesgerichtshof bestimmten Sinne einer Genehmigung nach § 3 des Währungsgesetzes nicht bedarf[64]. Die von den Gerichten bisher bejahten Spannungsklauseln betreffen nur Gehalts-, Renten- und Pensionsvereinbarungen u. ä. Gerade für die Wertsicherung der Pensionszusagen der Unternehmungen sollte die Spannungsklausel eine große Bedeutung haben[65].

Die fernere Rechtsprechung ist folgerichtig gewesen. So wurde in einem Urteil des Bundesgerichtshofes vom 17. 9. 1954[66] entschieden, daß ein Vertrag, bei dem die Höhe der Gegenleistung für die Überlassung von Gebäuderesten und Einrichtungsgegenständen und die Höhe eines Erbbauzinses nach dem Gehalt eines bestimmten Beamten bemessen wird, genehmigungspflichtig ist. Ein dennoch eingegangener Vertrag ist schwebend wirksam. Die Bank deutscher Länder war jedoch nach einem Schreiben vom 28. 5. 1954[67] bereit, für eine Wertsicherungsklausel, durch die der Erbbauzins von DM 600,- mit dem gleichhohen Grundgehalt eines Beamten gekoppelt wurde, eine Ausnahmegenehmigung zu erteilen. Nach dem Urteil des Bundesgerichtshofes vom 30. 9. 1954[68] ist eine Vereinba-

---
[61] BGBl. I, S. 88.
[62] Vgl. Dürkes, a.a.O., 4. Auflage, S. 56; vgl. BB 1951, S. 701 f.
[63] Vgl. Dürkes, a.a.O., 4. Auflage, S. 56 f.
[64] Vgl. Fögen, BB 1958, S. 1261.
[65] Hinweis auf Henn, BB 1959, S. 453 ff. Spannungsklauseln bei Pensionen und Renten, die nicht aus Dienstverhältnissen, sondern aus Kaufverträgen stammen, sind dagegen in der Regel genehmigungspflichtig, da es sich um eine artfremde Vergleichsgröße handelt. Vgl. Dürkes, BB 1959, S. 979.
[66] BB 1954, S. 880. Vgl. auch BGH-Beschluß vom 30. 9. 1954, BB 1954, S. 976; BGH-Urteil vom 28. 11. 1956, BGHZ 22, S. 220 ff.
[67] Vgl. Dürkes, a.a.O., 3. Auflage, S. 35.
[68] BB 1954, S. 976. Vgl. auch die Urteile vom Oberlandesgericht Schleswig, MDR 1955, S. 36, und vom Landgericht Wuppertal, MDR 1955, S. 417. Anderer Ansicht: Haegele, a.a.O., S. 149 mit weiteren Literaturangaben.

rung, nach der die Rente aus einem Grundstückskaufvertrag sich nach der Höhe eines bestimmten Beamtengehaltes richten soll, ebenfalls genehmigungspflichtig, weil der gewählte Wertmesser dem Grundgeschäft fremd ist. Als genehmigungspflichtig werden auch Klauseln angesehen, wonach ein Pachtzins von den öffentlichen Krankenkassensätzen[69] und eine Miete von den Lebenshaltungskosten[70] abhängig sein soll. Auch in diesen Fällen handelt es sich nicht um eine Bezugnahme auf eine dem Schuldverhältnis eigentümliche Leistung.

In neuerer Zeit wurde die Koppelung von Unterhaltsleistungen an Beamtengehälter als nicht genehmigungspflichtig bezeichnet, da die Klausel nur der Festlegung der Sachwertabhängigkeit diene[71].

γ) *Kostenelementsklauseln*

Von den Spannungsklauseln sind die Kostenelementsklauseln streng zu unterscheiden. Während die Spannungsklauseln eine Beziehung zwischen dem geschuldeten Geldbetrag und einem artgleichen Wertmesser aufstellen, sind Kostenelementsklauseln solche Klauseln, nach denen der Preis sich anteilig im gleichen Maße wie die Preise gewisser Kostenelemente ändern soll. Bei den Spannungsklauseln gehen die beiden Beziehungsgrößen parallel, bei den Kostenelementsklauseln ist die eine in der anderen enthalten.

Kostenelementsklauseln sind vor allem in langfristigen Werklieferungsverträgen üblich. In der Stahlbaubranche finden sich z. B. Werklieferungsverträge, nach denen bei Veränderungen der Stahlbaulöhne und der Baustahlpreise gewisse Preiserhöhungen oder -ermäßigungen eintreten sollen. Es wird hier also auf zwei Kostenelemente – Löhne und Baustahl – abgestellt. Man beschränkt sich in der Regel auf sehr wenige, aber auf die wichtigsten Kostenelemente, um die Rechnung nicht zu komplizieren und Streitigkeiten der Vertragspartner wegen Undurchsichtigkeit der Berechnung zu vermeiden.

Von den Kostenelementsklauseln sind die Preisgleitklauseln zu unterscheiden. Preisgleitklauseln sind solche Klauseln, nach denen sich der Verkaufspreis am Liefertage im gleichen Maße wie ein oder mehrere Kostenelemente unter vielen ändern soll. Eine Preisgleitklausel wäre beispielsweise in einem Werklieferungsvertrag, bei dem Blei ein Kostenele-

---

[69] Urteil des Oberlandesgerichtes Oldenburg, Niedersächsische Rechtspflege 1952, S. 152.
[70] BGH-Urteil vom 10. 10. 1958, Der Betrieb 1959, S. 23.
[71] Schreiben der Landeszentralbank von Nordrhein-Westfalen vom 8. 5. 1956 und vom 15. 5. 1956, BB 1956, S. 935 f.; vom 18. 12. 1956, BB 1957, S. 272, und Schreiben der Landeszentralbank von Bayern vom 18. 6. 1957, BB 1957, S. 675. Vgl. auch Dürkes, a.a.O., 4. Auflage, S. 58 ff., BGH-Urteil vom 16. 9. 1957, BB 1957, S. 1119. Die Koppelung der Miete an den Baukostenindex wird als genehmigungspflichtig angesehen (vgl. Fögen, BB 1958, S. 1261 und S. 1266).

ment ist, folgende Vereinbarung: Der Verkaufspreis am Liefertage erhöht sich um so viel Prozent des Preises von DM 12 000,—, wie der Bleipreis (Blei in Kabeln) prozentual gegenüber dem jetzigen Preis von DM 127,— pro 100 kg steigt. Im Grunde handelt es sich hierbei um eine Indexklausel, die — wie schon gesagt — unstreitig unter die Genehmigungspflicht nach § 3 Satz 2 des Währungsgesetzes fällt.

Bei Kostenelementsklauseln ändert sich zu Gunsten und zu Ungunsten einer Partei der Verkaufspreis nur insoweit, wie sich die Preisänderungen von bestimmten Kostenelementen im Verkaufspreis auswirken.

Als Beispiel sei folgende Kostenelementsklausel genannt:[72]

Der endgültige Preis (Verkaufspreis am Tage der Lieferung) wird ermittelt aus dem Abschlußpreis (Verkaufspreis am Tage des Angebotes), dem Preis für Gießerei-Roheisen I, der im Bundesanzeiger bekanntgegeben wird, dem Beschaffungspreis für Elektrolytkupfer und dem Lohn für einen unverheirateten Facharbeiter über 21 Jahre der Gruppe A, der sich aus dem für den Standort des Betriebes gültigen Tarifvertrag ergibt, und zwar nach folgender Formel:

$$P = \frac{P_0}{100}(20 + 30\frac{E}{E_0} + 12\frac{K}{K_0} + 38\frac{L}{L_0})$$

In dieser Formel ist:

L_0 = Lohn[73]
P_0 = Verkaufspreis
E_0 = Eisenpreis
K_0 = Kupferpreis
} am Tage des Angebotes

P = Verkaufspreis am Tage der Lieferung
E = Eisenpreis
K = Kupferpreis
} zu Beginn des vierten Achtels, jedoch nicht früher als 15 Monate vor Ende der vereinbarten Lieferfrist.
L = Lohn, gültig zu Beginn des siebten Achtels, jedoch nicht früher als 6 Monate vor Ende der vereinbarten Lieferfrist

Für die Abfassung der Berechnungsformel ist man offenbar von folgender Preisanalyse ausgegangen:

Löhne (Facharbeiter)	38 %
Gießerei – Roheisen I	30 %
Elektrolytkupfer	12 %
Sonstige Kosten und Gewinn	20 %
Verkaufspreis	100 %

Kostengüterpreisänderungen, welche die „Sonstigen Kosten" betreffen, werden nicht abgewälzt, sondern müssen aus dem Gewinn gedeckt werden.

---

[72] Nach Pöckel: Neue Betriebswirtschaft 1954, S. 91.
[73] Der Lohnausgleich infolge verkürzter Arbeitszeit sollte dabei berücksichtigt werden. Vgl. Urteil des Oberlandesgerichts Stuttgart vom 18. 7. 1958, Der Betrieb 1958, S. 1008. Anderer Ansicht Dürkes, a.a.O., 4. Auflage, S. 94, und Urteil des Landgerichts Marburg/Lahn vom 5. 11. 1958, BB 1959, S. 207 f.

Kostenelementsklauseln unterliegen nach herrschender Meinung[74] nicht der Genehmigungspflicht nach § 3 Satz 2 des Währungsgesetzes, obwohl nach dem Wortlaut der Bestimmung dies anzunehmen wäre. Auch hier wurde der Grundsatz der engen Auslegung von § 3 des Währungsgesetzes befolgt. Danach kann es nicht Sinn der Bestimmung sein, Preise zu fixieren. Bei sinngemäßer Auslegung kann sie – so ist die herrschende Meinung[75] – keine Klauseln außer Kraft setzen wollen, durch die kurzfristigen marktmäßigen oder konjunkturellen Preisschwankungen begegnet werden sollen. Der Bundesgerichtshof hat folgerichtig in seinen Preisklauseln betreffenden Urteilen vom 4. 4. 1951[76] und vom 3. 10. 1953[77] § 3 WG völlig außerhalb des Erörterungsbereiches gelassen.

Kostenelementsklauseln verstoßen auch nicht gegen das bestehende Preisrecht. Nach der Verordnung PR 30/53 vom 21. 11. 1953 über die Preise bei öffentlichen Aufträgen werden Kostenelementsklauseln für nicht unzulässig erachtet[78]. Bereits in der Bestimmung des § 1 der Verordnung PR 15/52 über Preise für elektrischen Strom, Gas und Wasser vom 26. 3. 1952[79] war bei langfristigen Lieferungsverträgen die Koppelung des Strompreises mit den Kohlenpreisen (oder mit den Kohlenpreisen und den Löhnen) mit Wirkung für und gegen beide Vertragsteile für zulässig erklärt worden. Damit unterstellt das Bundeswirtschaftsministerium, daß die Genehmigungspflicht nach § 3 Satz 2 des Währungsgesetzes bei diesen Klauseln nicht besteht. Es ist allerdings interessant, daß in der Verordnung PR 18/52 die preisrechtliche Zulässigkeit auf langfristige Verträge, um die es sich in der Tat überwiegend handelt, und auf Klauseln mit zweiseitiger Wirkung beschränkt wurde. Damit könnte gemeint sein, daß Kostenelementsklauseln in kurzfristigen Verträgen und Klauseln, die nur zu Gunsten eines Partners wirken können, doch der Genehmigungspflicht nach § 3 Satz 2 des Währungsgesetzes unterliegen.

Es darf wohl auch hier angenommen werden, daß der Begriff der Kurzfristigkeit nicht von absoluten Zeitmaßstäben abhängt. Das Vorliegen eines langfristigen Vertrages wird dann zu bejahen sein, wenn es den Parteien nicht zugemutet werden kann, die künftige Preisentwicklung im Vertrage unberücksichtigt zu lassen. Hierzu gehören auch gewisse Handelsgeschäfte, die vielleicht innerhalb einiger Tage abgewickelt werden. *Wilmanns* hält z. B. eine Klausel für zulässig, nach der importierte Ware durch den Im-

---

[74] Vgl. dazu: Dürkes, a.a.O., 4. Auflage, S. 38 ff.; Szagunn, BB 1955, S. 972 f. Nach letzterem stellen die Landeszentralbanken keine Negativbescheinigungen für Kostenelementsklauseln aus. In neuerer Zeit, Fögen, BB 1958, S. 1262.
[75] So u. a. Wilmanns, BB 1951, S. 909; von Jan, BB 1952, S. 510.
[76] BB 1951, S. 486.
[77] BB 1953, S. 925 f.
[78] Pöckel, a.a.O., S. 91.
[79] Bundesanzeiger vom 28. 3. 1952, Nr. 62, S. 1.

porteur an inländische Abnehmer veräußert wird zu einem Kaufpreis, der auf der Grundlage des jeweiligen ausländischen Einkaufspreises (Kostenelement) berechnet wird[80]. Die Praxis wendet diese Klausel vielfach an und gibt damit zu erkennen, daß sie sie für nicht genehmigungspflichtig im Sinne des § 3 Satz 2 des Währungsgesetzes erachtet. In wirklich kurzfristigen Verträgen werden Abschluß- und Liefertag so nahe zusammenliegen, daß die Vereinbarung einer Kostenelementsklausel für die Parteien uninteressant ist.

Zu der Beschränkung auf zweiseitig wirksame Kostenelementsklauseln in der Verordnung PR 18/52 ist nur zu sagen, daß Kostenelementsklauseln, die nur zu Gunsten einer Partei sich auswirken können, keine echten Kostenelementsklauseln sind. Im Charakter handelt es sich um nach § 3 Satz 2 des Währungsgesetzes genehmigungspflichtige Mindestklauseln, nämlich: Es wird der sich nach der Klausel berechnete Betrag geschuldet, jedoch mindestens der bei Vertragsschluß vereinbarte Nennwert. Echte Kostenelementsklauseln müssen zu Gunsten und zu Ungunsten einer jeden Vertragspartei wirken können, und darin besteht ihre wertsichernde Funktion für beide Teile.

Als Kostenelementsklausel ist auch die genehmigungsfreie Abwälzungsklausel im Mietpreisrecht anzusehen[81]. Es ist allerdings zu beachten, daß die Kostenelementsklauseln eine Wertsicherung nur für die in die Klausel einbezogenen Kostenelemente geben.

Häufig soll die Klausel zwecks Preisstabilisierung und Vereinfachung der Berechnung nur dann zum Zuge kommen, wenn der Preis eines Kostenfaktors am Liefertage mehr als 5 oder 10% gegenüber dem Preis am Abschlußtage sich verändert hat.

Bei Unternehmungen, die ein Lager an Roh-, Hilfs- und Betriebsstoffen, an Zwischenerzeugnissen oder sogar an Fertigfabrikaten halten müssen, wird eine Kostenelementsklausel in der oben angegebenen Fassung in der Regel nicht geeignet sein, die zur Wiederbeschaffung der verbrauchten Kostengüter erforderlichen Geldmittel im Verkaufspreis hereinzuholen, selbst soweit diese Kostengüter in der Klausel berücksichtigt sind. Preisänderungen der nicht berücksichtigten Kostengüter gehen zu Lasten oder zu Gunsten der verkaufenden Unternehmung.

Um die Wiederbeschaffung auf dem Verkaufspreis zu ermöglichen, müßte die Kostenelementsklausel so formuliert werden, daß auf den Ko-

---

[80] BB 1951, S. 910. Bei solchen Handelsgeschäften wird es allerdings von Bedeutung sein, ob die Vertragspartner im regelmäßigen Geschäftsverkehr stehen oder nicht.
[81] Vgl. § 4 der Verordnung PR Nr. 71/51 über Maßnahmen auf dem Gebiete des Mietpreisverkehrs vom 29. 11. 1951, BGBl. I, S. 920, und BGH-Urteil vom 21. 10. 1958, BB 1958, S. 1220; Fögen, BB 1958, S. 1263.

stengüterpreis des Wiederbeschaffungstages abgestellt wird. In der Praxis finden sich auch in Vereinfachung der Methode Klauseln, bei denen die Verkaufspreise von den Preisen bestimmter Kostengüter am Tage der Lieferung, der Fakturierung oder Zahlung abhängig sein sollen.

Es wird dabei unterstellt, daß der Tag der Wiederbeschaffung dem Tage der Lieferung, Fakturierung oder Zahlung entspricht.

In der Verordnung PR 32/51 über die Baupreisbildung für öffentliche und mit öffentlichen Mitteln finanzierte Aufträge (Baupreisverordnung)[82] werden bestimmte Klauseln verbindlich vorgeschrieben, die vereinbart werden können, wenn Änderungen der Preisermittlungsgrundlagen zu erwarten sind. Nach § 15 der Verordnung muß bei Vereinbarung solcher Klauseln sowohl die Lohn- und Stoffpreisermäßigung als auch der Fall der Lohn- und Stoffpreiserhöhung vorgesehen werden. Die Verordnung sieht also für beide Seiten wirkende Lohn- und Stoffpreisgleitklauseln vor. § 16 bestimmt, daß in den Lohngleitklauseln nur Lohnkostenänderungen auf Grund von Tarifverträgen oder, im Falle eines tariflosen Zustandes, auf Grund von Betriebsvereinbarungen berücksichtigt werden dürfen. Nach § 17 sollen die Preisgleitklauseln für Stoffe in der Regel auf wichtige Stoffe beschränkt werden und es soll eine „angemessene" Beteiligung des Auftragnehmers an den zu berechnenden Stoffpreiserhöhungen vereinbart werden. Ferner wird u. a. bestimmt, daß der Auftragnehmer die nachgewiesenen Stoffpreiserhöhungen abzüglich Selbstbeteiligung mit einem „angemessenen" Zuschlag für Gemeinkosten und Umsatzsteuer berechnen darf[83]. Die Wiederbeschaffungskosten werden nach diesen Bestimmungen nicht nur unberücksichtigt gelassen, sondern es wird dem Auftragnehmer sogar eine „angemessene" Selbstbeteiligung an den Stoffpreiserhöhungen zugemutet. Der Wert dieser Klauseln als Wertsicherungsklauseln ist dadurch natürlich noch stärker als bei den übrigen Kostenelementsklauseln beschränkt auf einen bestimmten Bereich von Faktoren, die Werteverluste oder -gewinne in einer Unternehmung durch Preisänderungen zulassen könnten.

δ) Beteiligungsklauseln

Beteiligungsklauseln bei Geldschuldverhältnissen zeichnen sich dadurch aus, daß der geschuldete Geldbetrag einen effektiven Anteil an einem anderen Geldbetrag ausmachen soll. Dem Wesen des Beteiligungsverhältnisses nach wird dieser Anteil geschuldet; einen Wertmesser für die Schuld gibt es nicht. Es kommen vor allem Umsatz- und Gewinnbeteiligungen hier in Betracht.

Bei der Vermietung von Geschäftsgrundstücken und Geschäftsräumen wird häufig vereinbart, daß die Miete einen bestimmten Anteil an dem

---

[82] Bundesanzeiger Nr. 92 vom 17. 5. 1951.
[83] Wegen der übrigen Einzelheiten vgl. §§ 15 – 17 der Verordnung.

getätigten Umsatz der mietenden Unternehmung betragen soll. Um sich vor falschen Angaben zu sichern, behält sich der Vermieter das Recht vor, die Umsatzsteuervoranmeldungen und Umsatzsteuerveranlagung der Unternehmung einzusehen oder einsehen zu lassen. Wichtig ist auch eine Vereinbarung, ob der Soll- oder Ist-Umsatz zu Grunde zu legen ist. Die Miete ist für die mietende Unternehmung ein Kostenbestandteil, der aus dem Umsatz zu decken ist. Es handelt sich um eine echte Beteiligung. Sie ist vor allem in Mietverträgen mit Handelsunternehmungen anzutreffen. Da sich die Klausel für beide Seiten nach oben und unten richtet, schützen sich beide Vertragsteile vor Werteverlusten unter der Einschränkung, daß der Vermieter gewisse fixe Kosten wie Grundsteuer, Versicherungsbeiträge usw. zu tragen hat, die unter Umständen von der vom Umsatz abhängigen Miete nicht mehr gedeckt werden. Aus diesem Grunde wird meistens eine feste Mindestmiete vereinbart.

Der Vermieter geht das Risiko ein, daß der Umsatz der Unternehmung nicht konstant bleibt. Als Extremfall wäre denkbar, daß in einer Zeit der Geldentwertung der Umsatz mengenmäßig zurückgeht, während die Preise steigen. Das Mieteinkommen des Vermieters ist in diesem Fall nicht wertbeständig. Andererseits hat der Vermieter bei guter Umsatzentwicklung der Unternehmung eine Gewinnchance. Dem Mieter kann bei mengenmäßiger Umsatzsteigerung oder bei Umsatzsteigerungen durch konjunkturelle, modisch oder strukturell bedingte Preiserhöhungen die Miete höher zu stehen kommen als bei vergleichbaren Mietverträgen ohne Beteiligungsklausel. Es entspricht so beiderseitigem Interesse, wenn ein Rücktrittsrecht zum jeweiligen Quartalsende im Kalenderjahr oder dergleichen vereinbart wird.

Währungsrechtlich wird die Vereinbarung von Beteiligungsklauseln bei Mietverhältnissen als zulässig angesehen[84]. Der Auffassung von *Szagunn*[85], nach der die Vereinbarung einer Schuld von 60 vH des monatlichen Mietsolls den Tatbestand des § 3 WG erfüllt, muß widersprochen werden. *Szagunn* bejaht selbst an anderer Stelle die Genehmigungsfreiheit einer Umsatzpacht[86]. Die Zulässigkeit geht nicht ohne weiteres aus dem Wortlaut von § 3 Satz 2 des Währungsgesetzes hervor, wohl aber aus der bereits erwähnten Stellungnahme der Bank deutscher Länder vom 6. 1. 1953[87]. Der Anwendungsbereich des § 3 Satz 2 des Währungsgesetzes umfaßt nur solche Vereinbarungen, nach denen der geschuldete Betrag durch den Kurs einer fremden Währung oder durch den künftigen Preis oder Wert a n d e r e r Güter oder Leistungen als derjenigen bestimmt werden soll, w e l c h e d i e

---

[84] Vgl. von Caemerer, JZ 1951, S. 423; Szagunn BB 1955, S. 971; Dürkes, a.a.O., 3. Auflage, S. 41 und S. 43 f.; Fögen, BB 1958, S. 1260.
[85] BB 1955, S. 970.
[86] BB 1955, S. 971.
[87] Siehe Dürkes, a.a.O., 4. Auflage, S. 56 f.

Gegenleistung des Geldgläubigers darstellen. Nach *Fögen*[88] „spiegeln sich im Umsatz zwar auch im gewissen Umfang der Preis von Gütern und der Wert von Leistungen wider, dabei ist jedoch dieser Preis oder Wert als solcher nicht Bestimmungsfaktor für die Höhe des zu zahlenden Geldbetrages". Beteiligungen am Umsatz sollten deshalb nicht unter § 3 Satz 2 WG fallen. Diesbezügliche Gerichtsentscheidungen sind nicht bekannt geworden. Die Zulässigkeit der Mindestklausel ist allerdings bestritten[89].

Es ist zwar richtig, daß im allgemeinen Mindestklauseln weder genehmigt noch als genehmigungsfrei angesehen werden[90]. *Szagunn*[91] führt dazu aus, daß es zweifelhaft sein möge, ob sich aus dem Zusammentreffen zweier genehmigungsfreier Tatbestände ein genehmigungsbedürftiger Tatbestand ergeben kann. Eine Negativbescheinigung[92] und auch eine Genehmigung entsprechend den allgemeinen Genehmigungsgrundsätzen der Bank deutscher Länder und der Landeszentralbanken würde jedoch nicht erteilt werden. Er fügt hinzu, daß sich dieser Grundsatz nur auf diejenigen Fälle bezieht, in denen wahlweise ein fester und ein veränderlicher Geldbetrag geschuldet wird (unechte Wahlschuldverhältnisse). *Dürkes*[93] spricht von Wahlschuldverhältnissen, in denen wahlweise ein fester Geldbetrag oder „mindestens" die Gehaltsbezüge einer bestimmten Beamtengruppe, 60 vH der monatlichen Mieterträge und dgl. geschuldet wird. Da der Gläubiger natürlich den höheren der beiden Geldbeträge wählen wird, läge das Währungs- und Kaufkraftrisiko ausschließlich beim Schuldner. Das Landgericht Braunschweig hat in seinem Urteil vom 8. 12. 1953[94] in einer solchen (unechten) Wahlschuld eine genehmigungspflichtige Mindestklausel erblickt.

In neuerer Zeit berichtet *Szagunn*[95] davon, daß die Deutsche Bundesbank – soweit bekannt – ihre Auffassung aufgegeben hat, wonach die Verbindung einer an sich genehmigungsfreien Umsatz- oder Spannungsklausel mit einem festen Mindestbetrag eine genehmigungsbedürftige (und wegen der Mindestwirkung eine nicht genehmigungsfähige) Wertsicherungsklausel zur Entstehung bringe. Gerichtsurteile sind dazu noch nicht bekannt geworden.

---

[88] NJW 1953, S. 1323.
[89] So von Dürkes, a.a.O., 4. Auflage, S. 26 ff.; Szagunn, BB 1955, S. 970 ff.; Fögen NJW 1953, S. 1326, Fögen erneut BB 1958, S. 1265.
[90] s. Abschnitt II, 1 b.
[91] Szagunn, BB 1955, S. 971 ff.
[92] Bescheinigung einer Landeszentralbank, daß die betreffende Wertversicherungsklausel nicht unter § 3 WG fällt und damit einer Genehmigung nicht bedarf.
[93] a.a.O., 3. Auflage, S. 28 f.
[94] NJW 1954, S. 833 ff.
[95] BB 1959, S. 819.

Sowohl *Szagunn* wie *Dürkes* gehen nicht darauf ein, daß eine Mindestklausel bei einem echten Beteiligungsverhältnis einen ganz anderen Charakter als bei den übrigen Schuldverhältnissen hat. Es geht hierbei darum, das allgemeine Risiko dessen, der beteiligt ist, nach unten auf eine feste Summe zu begrenzen, meistens um die Kosten in jedem Falle bestreiten zu können. Daß das Währungsrisiko im allgemeinen Risiko einbegriffen ist, ist hierbei unwesentlich und vor allem nicht das Motiv, aus dem die Mindestklausel vereinbart worden ist. Demzufolge kann in einer derartigen Mindestklausel auch keineswegs eine Gefährdung der Währung erblickt werden. Sie sollten deshalb nicht genehmigungspflichtig im Sinne § 3 WG sein. Die Ansicht, daß Mindestklauseln nicht unter § 3 WG fallen, ist bereits von *von Caemerer*[96] vertreten worden. Die Wirtschaft wendet Mindestklauseln bei Beteiligungsverhältnissen bedenkenlos an[97].

Bei der Vereinbarung von Beteiligungsklauseln in Mietverträgen ist das geltende Preisrecht zu beachten. Spätere Mietpreisanordnungen können die Beteiligungsklauseln praktisch außer Kraft setzen. Dieses Risiko muß wohl als der größte Nachteil der Beteiligungsklauseln in Mietverträgen betrachtet werden.

Anders ist es bei der Vermietung von Maschinen, bei denen behördliche Mietpreisanordnungen bisher unbekannt geblieben sind. Das Risiko der Außerkraftsetzung der Klausel ist ausgeschaltet. Währungsrechtlich begegnet es keinen Bedenken, wenn in einem Mietverhältnis über Maschinen als Miete eine Beteiligung am Ertrag, an den Erlösen oder am Gewinn der mietenden Unternehmung vereinbart wird. Die genaue Bezeichnung der Beteiligung ist dabei erforderlich. Auch hier wird sich der Vermieter eine Nachprüfung der jeweils angegebenen Beträge vorbehalten. Im übrigen gilt auch hier das zu Beteiligungsklauseln in Mietverträgen über Geschäftsgrundstücke und Geschäftsräumen Gesagte.

Bekannte Formen von Beteiligungsklauseln in Geldschuldverhältnissen sind die in Anstellungsverträgen, besonders in den Anstellungsverträgen leitender Angestellter. Neben einem festen Gehalt tritt eine Umsatz- oder Gewinnbeteiligung, die sich nach dem Umsatz oder Gewinn einer Abteilung oder der ganzen Unternehmung richtet. Auch hier wird ein Teil des Umsatzes oder des Gewinnes geschuldet. Um eventuelle Streitigkeiten zu vermeiden, ist es erforderlich, genau vertraglich festzulegen, welche Umsätze (z. B. auch interne Umsätze, Konzernumsätze) und welcher Gewinn (z. B. Handelsbilanz- oder Steuerbilanzgewinn) zugrunde gelegt werden soll. Es sind keine währungsrechtlichen Bedenken erhoben worden, wenn Mindestbeträge garantiert werden.

---

[96] JZ 1951, S. 423.
[97] Gerichtsentscheidungen sind nicht bekannt geworden.

Beteiligungsklauseln sind auch bei Lizenzen üblich. Meistens wird die Lizenzgebühr in Form einer Umsatzbeteiligung mit oder ohne Garantie einer Mindestsumme entrichtet. Auch derartige Vereinbarungen sind währungsrechtlich zulässig.

Bei der Veräußerung von ganzen Unternehmungen oder Teilen davon kann der Kaufpreis in Form einer Beteiligung am zukünftigen Gewinn oder Umsatz vereinbart werden, wobei Mindestbeträge vertraglich festgelegt und nähere Bestimmungen des zugrunde zu legenden Gewinnes oder Umsatzes und der Nachprüfung getroffen werden müssen. Bei Grundstückskaufverträgen werden auch Klauseln getroffen, wonach der Kaufpreis einen bestimmten Prozentsatz der Mieteinkünfte aus dem Grundstück, mindestens aber einen bestimmten Betrag, monatlich oder jährlich für eine gewisse Zeitspanne oder auch für die Lebenszeit des Gläubigers ausmachen soll. Diese Klauseln sind nicht nach § 3 des Währungsgesetzes genehmigungspflichtig[98]. Die Vereinbarung eines Rücktrittsrechtes ist zweckmäßig.

Beteiligungsklauseln sind auch bei Schuldverschreibungen und Genußscheinen möglich. In Betracht kommen folgende Beteiligungen:

1. Beteiligung am Handelsbilanzgewinn in Form einer Zusatzverzinsung zur Mindestverzinsung.
2. Beteiligung am Handelsbilanzgewinn ohne Mindestverzinsung (praktisch nur bei schuldverschreibungsähnlichen Genußscheinen, wie überhaupt bei Genußscheinen möglich, soweit es sich um deutsche Verhältnisse handelt. In der Schweiz und in den USA gibt es jedoch auch Schuldverschreibungen ohne Mindestverzinsung).
3. Beteiligung am Liquidationserlös der Gesellschaft.
4. Beteiligung am Substanzzuwachs der Gesellschaft durch Rückzahlung nach Höhe des jeweiligen Kurses der Aktien dieser Gesellschaft, jedoch mindestens zum Nennwert der Obligation.

Die einzelnen Klauseln können verschiedenartig ausgestaltet werden[99]

Die Ausgabe von Gewinnschuldverschreibungen und Genußscheinen, bei denen die Rechte der Gläubiger mit Gewinnanteilen von Aktionären in Verbindung gebracht werden, ist durch § 174 des Aktiengesetzes geregelt.

Dürkes[100] hält die Klauseln 1 – 3 für währungsrechtlich zulässig. die Klausel 4 – Rückzahlung nach dem Aktienkurs – jedoch für genehmigungs-

---
[98] Vgl. Fögen, NJW 1953, S. 1323.
[99] Vgl. dazu: E. Schmalenbach, Finanzierungen, 4. Auflage, Leipzig 1928, S. 339 f.; H. Huppertz, Convertible Bonds als Aktienwandelobligationen und andere „Mischformen" als Mittel der Kapitalbeschaffung der Aktiengesellschaften der Vereinigten Staaten von Amerika, Diss. Köln 1926/27; von Caemerer, JZ 1951, S. 417 ff.
[100] a.a.O., 4. Auflage, S. 74.

pflichtig, da der Aktienkurs ein „fremder" Wertmesser wäre. Eine Begründung, warum es sich um einen „fremden" Wertmesser handeln soll, gibt *Dürkes* nicht. Auch die Klausel 4 schafft ein echtes Beteiligungsverhältnis; es ist somit ein Wertmesser gar nicht gegeben. Außerdem ist es nicht einzusehen, warum der Kurs der Aktien der Schuldnergesellschaft dem Rückzahlungskurs ihrer Gewinnobligationen mit aktienähnlichem Einschlag „fremd" sein soll. Freilich kann auch hier eine Umgehungsabsicht von § 3 WG naheliegen, so daß es im Einzelfall darauf ankommt, was die Vertragsparteien ernstlich gewollt haben[101].

Nach *von Caemerer*[102] waren bei der Währungsreform nur die Mindestrückzahlungsbeträge nach § 16 des Umstellungsgesetzes im Verhältnis 10:1 umzustellen.

Ein typischer Fall für aktienähnliche Gewinnschuldverschreibungen sind die sogenannten „Harpener Bonds", die 4½%igen RM-Teilschuldverschreibungen von 1935 der Harpener Bergbau AG, Dortmund, deren Rückzahlung zum durchschnittlichen Kurs der Harpener Aktien, mindestens aber in Höhe von 105% des Nennwertes erfolgen durfte. Die Verwaltung wollte die Bonds im Verhältnis 10:1 umstellen, während die Inhaber – vertreten durch die Schutzvereinigung der Wertpapierbesitzer e. V. – eine höhere Umstellung für gerechtfertigt hielten. Ein über ein Jahr lang andauernder Rechtsstreit vor dem Landgericht Dortmund, der nach Einholung von Rechtsgutachten, die sich im Ergebnis widersprachen, schier ausweglos erschien, wurde schließlich durch ein Umtauschangebot der Verwaltung im Verhältnis von 1:1,5 in neue 6½%ige DM-Schuldverschreibungen beendet. Die RM-Aktien der Harpener Bergbau AG waren im Verhältnis 1:3,7 in DM-Aktien der neuen Harpener Bergbau AG und der Essener Steinkohlenbergwerke AG umgetauscht worden, so daß bei Berücksichtigung des damaligen Kursstandes der Umtausch 1:1,5 angemessen erscheint. Allerdings sind die Bondsinhaber ihrer Beteiligungsrechte durch den Umtausch völlig verlustig geworden[103].

Da der Rechtsstreit im Falle der Harpener Bonds nicht ausgetragen wurde, ist es heute noch ungewiß, wie die Gerichte die aktienähnlichen Gewinnobligationen behandeln werden[104].

Nach der Währungsreform nahm eine bedeutende Aktiengesellschaft ein großes Schuldscheindarlehen auf, dessen vertraglich festgelegten Tilgungsraten sich nach dem jeweiligen Kurs der Aktien dieser Gesellschaft richten sollte, sofern dieser den Stand bei Darlehnshergabe überschreitet. Als

---

[101] Hinweis auf S. 38 f.
[102] JZ 1951, S. 422.
[103] Vgl. dazu: Volkswirt 1953, Nr. 50, vom 12. 2. 1953, S. 27 f.
[104] Es sind später nicht rechtskräftige Urteile des Oberlandesgerichts Hamm als Berufungsinstanz ergangen; s. BB 1957, S. 52.

die ersten Tilgungsraten fällig wurden, berief sich die schuldende Aktiengesellschaft darauf, daß diese Rückzahlungsklausel gegen § 3 des Währungsgesetzes verstoße und deshalb unwirksam sei. Sie nahm die Tilgungen nur in Nominalhöhe vor. Da im übrigen die Darlehnsbedingungen die üblichen waren, und es den Anschein hatte, als sei die Klausel nur aus Inflationsfurcht geschlossen worden, sollte man in diesem Falle annehmen, daß der Aktienkurs nur Wertmesser ist, so daß der Fall des § 3 Satz 2 des Währungsgesetzes zutrifft. Nicht ein Teil des Substanzzuwachses und auch nicht eine gewisse Wertleistung, sondern ein Geldbetrag wurde geschuldet, dessen Höhe sich nach dem Aktienkurs richten sollte.

Beteiligungsklauseln finden sich nicht nur in Geld-, sondern auch in Sach- und Wahlschuldverhältnissen. Die Beteiligungsklauseln in Sach- und Wahlschuldverhältnissen werden in den betreffenden Abschnitten zu erörtern sein.

ε) *Vereinbarung von aufschiebenden oder auflösenden Bedingungen, Rücktritts-, Rückkaufs- und Optionsrechten*

Die Vereinbarung von aufschiebenden oder auflösenden Bedingungen, Rücktritts-, Rückkaufs- und Optionsrechten ist währungsrechtlich uneingeschränkt zulässig. Sie könnten nur bei Geldschuldverhältnissen in Inlandwährung eine Bedeutung haben, aber selbst bei diesen wird sie im Schrifttum angezweifelt[105].

Nach § 158, Satz 1 BGB tritt die von der Bedingung abhängig gemachte Wirkung mit dem Eintritt der Bedingung ein, wenn ein Rechtsgeschäft unter einer aufschiebenden Bedingung vorgenommen wird. Es wurde vor der Währungsreform des Jahres 1948 beispielsweise häufig vereinbart, daß ein Reichsmark-Geldbetrag erst nach Beendigung einer Währungsreform gezahlt werden solle. Nach den zwingenden Vorschriften des Umstellungsgesetzes erfolgte die Umstellung 10:1, so daß die Bedingung eine Wertsicherung der Forderung nicht herbeigeführt hat. Sinn hätte dagegen eine Vereinbarung gehabt, nach der ein Kaufvertrag oder ein Auseinandersetzungsvertrag erst nach Beendigung der Währungsreform Gültigkeit haben solle und zwischenzeitlich abgeschlossene Leih-, Miet- oder Pachtverträge nach Beendigung der Währungsreform ungültig werden sollten. Letztere Verträge werden unter einer auflösenden Bedingung vorgenommen, so daß nach § 158, Satz 2 BGB mit dem Eintritt der Bedingung die Wirkung der Rechtsgeschäfte geendigt hätte.

In vielen Fällen wird durch die Vereinbarung von Bedingungen statt Bezugsgrößen eine genehmigungsfreie Wertsicherungsklausel zu erreichen

---

[105] Vgl. dazu Ranninger, DNotZ 1951, S. 96, mit weiteren Literaturangaben, und Dürkes, a.a.O., 4. Auflage, S. 78.

sein, worauf besonders *Szagunn*[106] hingewiesen hat. Die Bedingung muß fest umrissen sein, damit später keine Streitigkeiten in der Auslegung aufkommen. Die Ermittlung der Schuld nach Eintritt der Bedingung muß genau bezeichnet werden. Das Schema lautet:

„Tritt der Fall .... ein, so ist die Schuld durch Parteivereinbarung neu festzusetzen. Können die Parteien nicht zu einem Ergebnis kommen, so unterwerfen sie sich dem Schiedsspruch der ....".

Eine entsprechende Abrede darf nicht zum Scheine nur getroffen werden, da sie nach § 117 BGB nichtig wäre.

Die Vereinbarung von Rücktrittsrechten (§ 346 BGB) in bestimmten Fällen ist vor allem bei langfristigen Kaufverträgen anzutreffen. Sie bietet aber nur dann eine Wertsicherung, wenn die gekaufte Sache nicht durch Verarbeitung oder Umbildung in eine Sache anderer Art umgestaltet worden ist. In diesem Fall ist der Rücktritt nach § 352 BGB ausgeschlossen. Auch die Weiterveräußerung kann nach § 353 BGB den Rücktritt ausschließen. Verarbeitung und Weiterveräußerung sind bei Kaufverträgen einer Unternehmung die Regel, so daß der Rücktrittsvorbehalt nur vor erfolgter Lieferung wirkt. Hier hat er allerdings als Kriegs-, Streik-, Tumult- und Höhere Gewalt-Klausel für die Unternehmung eine hervorragende Bedeutung, da er von allen umsichtigen Verkäufern in langfristigen Kaufverträgen getroffen wird. Eine Wertsicherungsabsicht wird mit diesen Klauseln nicht verfolgt, es soll lediglich die Möglichkeit offengelassen werden, daß das Vertragsverhältnis bei Eintritt von Krieg, Streik, Tumult und höherer Gewalt aufgehoben werden kann.

In Zeiten des Preisstops wurde der Rücktritt manchmal für den Fall vorbehalten, daß der Preisstop aufgehoben würde. Hier liegt eine Wertsicherungsabsicht vor, denn der Verkäufer gedachte, nach Aufhebung des Preisstops die Ware zum freien, „richtigen" Preise verkaufen zu können.

Vor der Währungsreform 1948 wurde häufig der Rücktritt im Falle einer Währungsreform vorbehalten, in der Absicht, nach dem Währungsschnitt einen neuen Vertrag abzuschließen[107]. Das Umstellungsgesetz gab ein gesetzliches Rücktrittsrecht bei Lieferverträgen.

Für die Gläubiger einer Kaufpreisforderung aus einem Grundstücksverkauf wird eine Wertsicherung durch Einräumung des Rücktrittsrechts dadurch erreicht, daß eine Auflassungsvormerkung eingetragen wird und der Rücktritt für den Fall einer etwaigen Währungsumstellung oder eine Preiserhöhung des verkauften Grundstücks erklärt werden kann.

---

[106] BB 1959, S. 205 f. Hinweis auf das BGH-Urteil vom 28. 11. 1956, BGZ 22, S. 220; NJW 1957, S. 98 f.
[107] Vgl. hierzu § 20 des Umstellungsgesetzes und die 4. Durchführungsverordnung zum Umstellungsgesetz, Mitteilung der Bank deutscher Länder 1948, Nr. 9, S. 3.

Schließlich ist die Einräumung von Optionsrechten als eine Möglichkeit der Wertsicherung von Geldschuldverhältnissen in Inlandswährung erwähnenswert. In Betracht kommen Ankaufs-, Wiederkaufs-, Vorkaufs- und Übernahmerechte[108]. Ein typisches Beispiel für Optionsrechte in der Unternehmung sind die Aktienbezugsrechts-Obligationen (Options-Bonds), die in den 20er Jahren dieses Jahrhunderts auch in Deutschland beliebt waren[109]. Im Aktiengesetz werden sie als „Wandelschuldverschreibungen" bezeichnet und als solche behandelt (§ 174 AktG), jedoch werden unter „Wandelschuldverschreibungen" im üblichen Sinne solche Obligationen verstanden, bei denen der bisherige Obligationär sich in einen Aktionär verwandeln kann. Bei einer Aktienbezugsrechts-Obligation hat dagegen der Obligationär das Recht, innerhalb der Optionsfrist einen bestimmten Betrag Aktien der Schuldnergesellschaft zu einem feststehenden Kurse zu beziehen. Die Wertsicherung bei Aktienbezugsrechtobligationen kann jedoch niemals eine vollkommene sein. Ist beispielsweise der Optionskurs 100%, der Börsenkurs der alten Aktien 150% und entspricht dieser Aktienkurs dem Wert der Unternehmung und einer Geldentwertung, so fließen der Unternehmung bei Ausübung des Optionsrechtes nicht genügend Mittel zu, um die Aufrechterhaltung des Aktienkurses von 150% zu rechtfertigen, da sich der Unternehmungswert nunmehr auf ein vergrößertes Aktienkapital verteilt. Dem Obligationär wird deshalb sein Werteverlust an den Obligationen bei einer Geldentwertung keineswegs durch den Bezug von Aktien zu einem relativ niedrigen Kurs ersetzt. Immerhin ist eine Aktienbezugsrechts-Obligation „wertbeständiger" als eine gewöhnliche Obligation.

Andere Optionsrechte kommen vor in Gesellschafts-, Miet-, Pacht- und Altenteilsverträgen, sowie in letztwilligen Verfügungen. Als nach § 3 WG genehmigungsfreies Optionsrecht ist z. B. das Recht der freistehenden Aktionäre der Burbach-Kaliwerke AG, Wolfenbüttel, anzusehen, wonach die Wintershall AG, Celle, verpflichtet ist, auf Verlangen bei normalem Ablauf des Organschaftsvertrages (31. 12. 1969), bei Vertragsablauf wegen Kapitalerhöhung der Wintershall AG und bei Umwandlung von Burbach auf Wintershall die freien Aktien der Burbach-Kaliwerke AG zu 80% des Kurses der Wintershall-Aktien abzunehmen[110].

In allen Fällen unterlag bei der Währungsumstellung im Jahre 1948 ein vereinbarter Grundbetrag nicht der Umstellung 10:1 nach § 16 des Umstellungsgesetzes; er wurde nach § 2 des Währungsgesetzes 1:1 umgerechnet. Ein 1935 vereinbartes Ankaufrecht eines Mieters zum Erwerb des Grundstückes zum Preise von 100 000 Reichsmark konnte also nach der Wäh-

---

[108] Vgl. W. Tiktin: Die Option im Rechtsverkehr, Diss. Heidelberg 1934.
[109] Vgl. Schmalenbach: Finanzierungen, 4. Auflage, Leipzig 1928, S. 357 ff.; Linnhoff: Optionsanleihen, Diss. Köln 1955.
[110] Vgl. Der Volkswirt, 10. J., Nr. 31, vom 4. 8. 1956, S. 39.

rungsumstellung zum Preise von 100 000 Deutscher Mark ausgeübt werden. Auch hier ist die Wertsicherung nur zum Teil erreicht worden, da die Kaufkraft von 1935 eine höhere als die der Deutschen Mark war.

Es ist jedoch möglich, das Optionsrecht mit einer Wertsicherungsklausel zu versehen. Nach Duden[111] sind vor der Währungsreform vereinbarte Wertsicherungsklauseln bei Optionsrechten auch nach der Währungsreform gültig geblieben. Da erst bei Ausübung der Option eine Geldschuld mit einem bestimmten Betrag in Deutscher Mark entsteht, sollte der Vereinbarung von Optionsrechten mit Wertsicherungsklauseln auch nach der Währungsreform währungsrechtlich nichts im Wege stehen.

h) Wertsicherungen in letztwilligen Verfügungen

Für den Unternehmer hat die Frage Bedeutung, ob Wertsicherungen in seinen letztwilligen Verfügungen gegen § 3 des Währungsgesetzes verstoßen können.

Die Auffassung der Rechtsprechung ist noch nicht bekannt geworden. Im Schrifttum herrscht keine einheitliche Meinung. *Skaupy*[112] und *Ranninger*[113] halten die Anwendbarkeit von § 3 des Währungsgesetzes auf Wertsicherungsklauseln in letztwilligen Verfügungen für gegeben, während *Eppig*[114], *Wilmanns*[115] und *Dürkes*[116] eine Genehmigungspflicht für ausgeschlossen betrachten. Unstreitig ist, daß die Höhe eines Erbteils oder Vermächtnisses nach dem prozentualen Wert des Gesamtnachlasses zur Zeit des Erbfalles – wie es die gesetzliche Erbfolge (§§ 1922 – 1941 BGB) auch vorsieht – bestimmt werden kann.

Geteilter Meinung ist man darüber, ob § 3 des Währungsgesetzes nur für rechtsgeschäftliche Schuldverhältnisse gilt oder auch für gesetzliche Schuldverhältnisse, wie sie auf Grund von letztwilligen Verfügungen entstehende Schuldverhältnisse darstellen. Aus dem Grundsatz der engen Auslegung von § 3 des Währungsgesetzes ergibt sich, daß nur rechtsgeschäftliche Schuldverhältnisse im Anwendungsbereich des Währungsgesetzes liegen können.

Wertsicherungsklauseln in letztwilligen Verfügungen können allein deshalb nicht genehmigungspflichtig sein, weil eine Geldschuld erst mit dem Erbfall entsteht[117]. Die Wertsicherungsklausel in einer letztwilligen Ver-

---

[111] BB 1949, S. 670.
[112] JR 1949, S. 343 ff.
[113] DNotZ 1951, S. 396 ff.
[114] NJW 1949, S. 534 und DNotZ 1951, S. 405 ff.
[115] BB 1951, S. 907 ff.
[116] a.a.O., 4. Auflage, S. 91.
[117] So auch: Eppig, DNotZ 1951, S. 405 ff., und Dürkes, a.a.O., 4. Auflage, S. 91.

fügung soll ja nur bis zum Erbfall Wirkung haben, nicht aber zwischen Entstehung und Erfüllung der Schuld.

c) Fremdwährungsschuldverhältnisse

α) Devisenrechtlich genehmigte Fremdwährungsschuldverhältnisse

Fremdwährungsschuldverhältnisse sind in vier Typen anzutreffen:
1. Echte Valutaverbindlichkeiten mit Effektivklausel (Erfüllung in Fremdwährung),
2. Echte Valutaverbindlichkeiten ohne Effektivklausel (Erfüllung in Fremdwährung oder nach § 244 BGB in Inlandswährung nach dem Kurs des Zahlungstages),
3. Unechte Valutaverbindlichkeiten (Erfüllung in inländischer Währung, aber Berechnung nach dem Kurswert einer bestimmten Summe ausländischer Währung),
4. Schuldverhältnisse mit einem festen Nennbetrag inländischer Währung unter Hinzufügung einer Valutaklausel.

Echte Valutaschuldverhältnisse mit und ohne Effektivklausel[118] waren von der Währungsumstellung auf Deutsche Mark nicht berührt, ebenso nicht unechte Valutaschuldverhältnisse, wenn die Berechnung des Geldbetrages in Inlandswährung für den Zahlungstag vorgesehen war. Schuldverhältnisse in Reichsmark mit Valutaklausel unterlagen der Abwertung.

Das Eingehen von echten und unechten Fremdwährungsverbindlichkeiten ist nach § 3 Satz 1 des Währungsgesetzes der Genehmigungspflicht unterworfen, sofern es sich um Schuldverhältnisse zwischen Deviseninländern handelt. Schuldverhältnisse in inländischer Währung mit Valutaklauseln zwischen Deviseninländern sind dagegen nach § 3 Satz 2 des Währungsgesetzes grundsätzlich genehmigungspflichtig.

Bei Geschäften mit Devisenausländern ersetzt die devisenrechtliche Genehmigung nach dem Militärregierungsgesetz 53 bzw. der Verordnung der französischen Militärregierung 235 die währungsrechtliche Genehmigung nach § 3 des Währungsgesetzes[119]. Wenn die devisenrechtliche Genehmigung eines Schuldverhältnisses vorliegt, ist es auch währungsrechtlich zulässig. Devisenrechtliche Genehmigungen werden als „allgemeine Genehmigungen", die im Bundesanzeiger veröffentlicht werden, oder als Genehmigungen von Fall zu Fall erteilt.

---

[118] Anderer, m. E. nicht richtiger Meinung Butteweg, BB 1950, S. 55 f., Vgl. auch Beschluß des Oberlandesgerichts Hamburg vom 22. 10. 1953, Der Wirtschaftsprüfer 1954, S. 72.
[119] Vgl. Wilmanns, BB 1951, S. 907 f.; Eugen Langen, Kommentar zum Devisengesetz, Heidelberg 1954, A I a.

Nach § 3 WG nicht genehmigungspflichtige Wertsicherungsklauseln 69

Für Versicherungsunternehmungen ist der Runderlaß Außenwirtschaft Nr. 14/59 vom 22. Januar 1959[120] und die Mitteilung 6006/59 der Deutschen Bundesbank vom 22. Januar 1959[121] von Bedeutung. Nach dem Runderlaß Nr. 14/59 liegt eine allgemeine Genehmigung vor für Versicherungsverträge in ausländischer Währung

1. zwischen inländischen Versicherungsunternehmen und Devisenausländern,

2. Rückversicherungsverträge und unter bestimmten Voraussetzungen auch Erstversicherungsverträge zwischen inländischen Versicherungsunternehmen und Deviseninländern,

3. zwischen ausländischen Versicherungsunternehmen und Deviseninländern (in einigen Fällen ist eine besondere Genehmigung erforderlich).

Nach der Mitteilung 6006/59 der Deutschen Bundesbank sind Lebensversicherungsverträge in ausländischer Währung zwischen Deviseninländern und inländischen Versicherungsunternehmen allgemein genehmigt, wenn die Verträge keine Mindestkurs- oder Schwankungsklausel enthalten.

Die Genehmigung erstreckt sich auf den Abschluß und die Erfüllung der Versicherungsverträge.

Zweifellos ist mit diesen beiden Anordnungen die währungsrechtliche Vertragsfreiheit bei dem Abschluß von Versicherungsverträgen weitgehend wiederhergestellt worden. Ob jedoch die beaufsichtigte Wertsicherung erreicht wird, hängt von der meistens nicht zu übersehenden Kursentwicklung der ausländischen Währung ab.

β) Wertsicherungsklauseln bei Fremdwährungsverbindlichkeiten

Bei den genehmigten Fremdwährungsschuldverhältnissen werden mitunter Wertsicherungsklauseln vereinbart[122]. Ihr Zweck ist regelmäßig, das Risiko von Kursschwankungen der Fremdwährung zwischen dem Liefertag (oder Tag der Auftragserteilung) und dem Zahlungstag auszuschließen. Das Risiko einer Kursschwankung des Pfund Sterling kann beispielsweise dadurch weitgehend vermieden werden, daß eine Verbindlichkeit in Pfund Sterling durch Bezugnahme auf den Kurs des US-Dollars am Zahlungstage gesichert wird. Da § 3 Satz 2 des Währungsgesetzes nur auf Geldschulden in Deutscher Mark abstellt, sind derartige Wertsicherungsklauseln bei Fremdwährungsverbindlichkeiten nach dem in Deutschland geltenden Recht uneingeschränkt als zulässig anzusehen[123]. Wenn der Erfüllungsort

---
[120] Bundesanzeiger Nr. 17 vom 27. Januar 1959, S. 2 f.
[121] Allgemeine Genehmigung Nr. 92/59, Bundesanzeiger Nr. 17 vom 27. Januar 1959, S. 3; Versicherungswirtschaft vom 1. 3. 1959, S. 119 f.
[122] Vgl. hierzu auch: Koenigs, Betrieb 1952, S. 160.
[123] Vgl. Wilmanns, BB 1951, S. 908.

im Ausland liegt, ist das ausländische Recht zu beachten. Beispielsweise sind Goldklauseln nach britischem Recht zulässig, nach dem der Vereinigten Staaten von Amerika nicht[124].

Ferner ist zu beachten, daß die Wertsicherungsklauseln bei Fremdwährungsschuldverhältnissen wie diese selbst schwebend unwirksam sind, so lange die devisenrechtliche Genehmigung aussteht. Dies kann von großer Bedeutung bei der Umdeutung des Vertrages nach § 140 BGB sein, wenn die devisenrechtliche Genehmigung versagt wird.

In einer Auskunft der Landeszentralbank Stuttgart vom Herbst 1957 wurde empfohlen, aus Vereinfachungsgründen in der Wertsicherungsklausel die Folgen relativ kleiner Kursänderungen auszuschließen[125].

γ) Fremdwährungsklauseln mit Wertberechnungscharakter

Nicht genehmigungspflichtig im Sinne von § 3 des Währungsgesetzes sind auch Fremdwährungsklauseln, die nicht aus Furcht vor einer Entwertung der Inlandswährung abgeschlossen werden, sondern nur Wertberechnungscharakter haben. Ob dies im Einzelfall anzunehmen ist, hängt von dem Verwendungszweck der Wertsicherungsklausel ab, wie der Bundesgerichtshof in seinem diesbezüglichen Urteil vom 17. 9. 1953[126] ausgeführt hat. In dem Sachverhalt des Bundesgerichtshofurteils war das Einverständnis der Parteien darüber gegeben, daß zwar der Preis in Pfund Sterling beziffert wurde, eine Verpflichtung zur Zahlung in dieser Währung jedoch nicht eingegangen werden sollte. Nur die Berechnung des Kaufpreises in Deutscher Mark sollte nach dem Kurs des Pfund Sterling bei Vertragsschluß (1 Pfund Sterling = DM 11,76) erfolgen. Eine echte Valutaschuld lag also nicht vor. Die Zahlung hatte in Deutscher Mark zu erfolgen. Der endgültige Schuldbetrag stand bei Vertragsschluß fest.

Der Bundesgerichtshof hält eine Gefährdung der Währungspolitik durch derartige Klauseln für nicht gegeben und im vorliegenden Fall den Tatbestand des § 3 Satz 2 des Währungsgesetzes für nicht erfüllt. Neben der Bezugnahme auf den jeweiligen Devisenkurs ist auch die Bezugnahme auf die Auslandspreise in ausländischer Währung, wenn sie Wertberechnungscharakter hat, genehmigungsfrei[127]. Anders wäre es, wenn sich die Kaufpreisschuld in Deutscher Mark vertraglich nach dem Pfundkurs am Tage der Zahlung (nicht am Tage des Vertragsschlusses) richten sollte. Diese

---

[124] Vgl. Mosheim, Betrieb 1951, S. 953 f. und Rentrop, Betrieb 1952, S. 170 f.
[125] Nachrichtendienst der Industrie- und Handelskammer Mannheim 1957, Heft 19, Nr. 759; abgedruckt bei Dürkes, a.a.O., S. 31 f.
[126] Betrieb 1953, S. 944.
[127] Vgl. Wilmanns, BB 1951, S. 910.

Klausel wäre nach § 3 Satz 2 des Währungsgesetzes genehmigungspflichtig[128].

Fremdwährungsklauseln mit Wertberechnungscharakter haben bei Import- und Exportgeschäften Bedeutung. Sie haben ihren Grund darin, daß die internationalen Waren- und Preislisten eine einfache Vertragsgrundlage darstellen.

Eine Wertsicherung ist jedoch nur dann gegeben, wenn der Importeur bzw. der Exporteur das entsprechende Import- bzw. Exportgeschäft zu dem Kurs tätigt, wie er am Tage des Vertragsschlusses war. Auf die Möglichkeit der Vereinbarung einer entsprechenden Kostenelementsklausel bei Geschäften zwischen Importeur und inländischem Kontrahent sei hier verwiesen. Im übrigen ist dem deutschen Importeur und Exporteur ab 1950 das Instrument des Devisentermingeschäfts wieder gegeben. Ferner kann er grundsätzlich an allen Termingeschäften im Ausland teilnehmen[129].

d) Termingeschäfte

Ein Termingeschäft liegt vor, wenn die Erfüllung einer Verbindlichkeit an einem späteren, bestimmten Tage erfolgen soll, und die Vertragspartner Risiken aus dieser Fälligkeitsvereinbarung durch weitere Termingeschäfte ausschalten können[130].

Termingeschäfte sind bekannt in der Form des Swapgeschäftes, des Hedge-Geschäfts, des Report- bzw. Deportgeschäfts, der Vor- und Rückprämiengeschäfte, des Stellage- und des Nochgeschäfts.

Der Ausdruck „Swapgeschäft" ist auf dem Devisenterminmarkt gebräuchlich. Verkaufen die Außenhandelsbanken Devisen per Termin, so können sie das Risiko von Kursänderungen dadurch ausschalten, daß sie den gleichen Betrag per Termin kaufen. Kaufen sie von ihrer Kundschaft Devisen per Termin, so vermeiden sie auch in diesem Falle jedes Kursrisiko, wenn sie sogleich die Termindevisen wieder verkaufen. Wenn sich zufällig Kundschaftsterminverkäufe und -käufe hinsichtlich Nennbeträgen und Fälligkeiten decken, erübrigen sich für eine Außenhandelsbank entsprechende Sicherungsgeschäfte. In aller Regel ergibt sich jedoch ein Saldo, der als solcher gesichert wird. Dies geschieht dadurch, daß in Höhe des

---

[128] Hinweis auf Abschnitt II, 1 a).
[129] Nach Maßgabe der im folgenden Abschnitt angegebenen Bestimmungen.
[130] Vgl. dazu: Obst/Hintner, Geld-, Bank- und Börsenwesen, Stuttgart 1951, S. 600 ff.; Greifzu, Handbuch des Kaufmanns, Hamburg 1950, S. 735 f., S. 739, S. 840 f., S. 844, S. 847 ff.; Dr. Gablers Wirtschafts-Lexikon, Wiesbaden 1956, S. 2878 ff.; Enzyklopädisches Lexikon für das Geld-, Bank- und Börsenwesen, Frankfurt/M., 1957, S. 284 ff.; Mecker-Hundhausen, Börsen – Termin – Geschäfte, Berlin 1934. Dieser Hinweis gilt auch für die folgende allgemeine Darstellung der Formen der Termingeschäfte.

Saldos ein Kauf bzw. Verkauf per Kasse, bei einer anderen Bank ein Verkauf bzw. Kauf per Kasse und ein Rückkauf bzw. Rückverkauf per Termin vorgenommen wird. Das letztere Geschäft – Verkauf bzw. Kauf per Kasse und Rückkauf bzw. Rückverkauf per Termin – wird „Swapgeschäft" genannt. Es vollzieht sich nur zwischen Banken, von denen jede die Kurssicherung durch das Swapgeschäft erreicht.

Ein Hedge-Geschäft, das sich im Warenhandel findet, ist im Grunde nichts anderes. Zu jedem Effektivgeschäft wird ein Termingeschäft in der Weise vorgenommen, daß das Termingeschäft das Preisrisiko aus dem Effektivgeschäft deckt. Beispielsweise kaufen Mühlen bereits vor der Ernte von den Landwirten Getreide; zu jedem Kauf erfolgt ein entsprechender Terminverkauf. Fallen die Getreidepreise, so werden auch die Mehlpreise entsprechend fallen, so daß ein Verlust aus dem Effektivgeschäft entsteht. Dieser Verlust wird durch den Gewinn aus dem Termingeschäft kompensiert, da das Getreide für den Terminverkauf zum gesunkenen Preise beschafft werden kann. Steigen die Getreide- und die Mehlpreise, so wird der Verlust aus dem Termingeschäft durch den Gewinn aus dem Effektivgeschäft gedeckt. Das Risiko der Preisänderungen zwischen Effektiveinkauf und Effektivverkauf wird also theoretisch vollkommen ausgeschaltet. In der Praxis wird die Wertsicherung jedoch nur annähernd erreicht, da die Produktpreise auch bei freier Preisbildung sich nicht so wie die Preise des Ausgangsstoffes verändern.

Report- und Deportgeschäfte haben bei Wertpapier- und Devisengeschäften[131], im strengeren Sinne nur bei Wertpapiergeschäften Bedeutung[132]. Sie bezwecken die Prolongation eines bestehenden Engagements. Ist beispielsweise ein Kauf per Ultimo getätigt worden und entspricht der Ultimokurs nicht den Erwartungen, so wird ein Verkauf mit der Verpflichtung des Käufers getätigt, die Effekten am nächsten Ultimo zum gleichen Kurse an den Verkäufer zurück zu verkaufen. Die Prolongation kann sich so lange wiederholen, bis der Ultimokurs den Erwartungen entspricht und nach Rückkauf der endgültige Verkauf erfolgt. Bei Devisen tritt an die Stelle von Kauf und Verkauf zum gleichen Kurs die Devisenleihe[133].

Report ist ein Zuschlag zum Rückkaufpreis, Deport ein Abschlag auf den Rückkaufpreis[134]. Es kann sein, daß weder ein Zuschlag noch ein Abschlag vorgenommen und das Engagement „glatt prolongiert" wird. Eine Wertsicherung liegt nur für den kaufenden und zurückverkaufenden Vertragspartner vor, da bei ihm weder Kursgewinne noch Kursverluste aus

---

[131] So „Der große Brockhaus", Wiesbaden 1953, S. 111.
[132] So Dr. Gablers Wirtschaftslexikon, Wisbaden 1956.
[133] Vgl. Obst/Hintner, a.a.O., S. 417.
[134] Vgl. Obst/Hintner, a.a.O., S. 417; Enzyklopädisches Lexikon für das Geld-, Bank- und Börsenwesen, Frankfurt 1957, S. 292 und S. 1353.

dem Geschäft auftreten können. Dem anderen Vertragsteil sind Report- und Deportgeschäfte Behelfe in seinen Spekulationen.

Prämiengeschäfte sind dagegen auch an den Warenbörsen üblich[135]. Das Wesentliche der Prämiengeschäfte ist, daß der Käufer bzw. der Verkäufer das Recht hat, zu einem bestimmten Erklärungstag die Leistung zu fordern (Vorprämiengeschäft) bzw. die Leistung vorzunehmen (Rückprämiengeschäft), und zwar zum vereinbarten Preise. Die Einräumung des Rechts wird mit einer Prämie bezahlt. Im Vorprämiengeschäft wird der Käufer die Leistung fordern, wenn der vereinbarte Preis niedriger als der Preis am Prämienerklärungstag ist. Im Rückprämiengeschäft wird der Verkäufer liefern, wenn sich der Preis am Erklärungstag niedriger als der vereinbarte Preis stellt. Der Berechtigte „abandonniert", wenn der vereinbarte Preis sich am Prämienerklärungstag für ihn ungünstig erweist. Eine Unternehmung, die Prämiengeschäfte eingeht, sichert sich dadurch den Kauf bzw. Verkauf zu dem Preis, der von den Preisen zweier Stichtage der günstigste ist. Das Risiko von Preisveränderungen zwischen den beiden Stichtagen, die sich mehr oder weniger mit dem Bestell- und Fakturierungstag decken, wird durch die Zahlung der Prämie ausgeschaltet. Hier sind spekulative Gründe nicht ausschlaggebend. Man wird deshalb Prämiengeschäfte als Wertsicherungen in dem hier verwendeten Sinne betrachten können. Nach *Obst/Hintner* ist die Bedeutung der Prämiengeschäfte seit der Jahrhundertwende wesentlich zurückgegangen[136].

Während das Vorprämiengeschäft den Käufer durch das Forderungsrecht vor Verlusten durch Erhöhung des Preises schützt, hat der Käufer in einem Stellagegeschäft durch Zahlung des Stellgeldes das Recht, zu einem vereinbarten Preis zu liefern oder aber zu einem vereinbarten höheren Preise die Waren, Wertpapiere oder Devisen zu beziehen. Der Verkäufer der Stellage muß „still halten". Das Stellagegeschäft sichert den Käufer sowohl gegen stärkere Preisstürze wie Preiserhöhungen. Obwohl es ihm eine gute Wertsicherung bietet, hat es in der Praxis nur geringe Bedeutung[137].

Anders ist es mit den Noch- oder Optionsgeschäften[138], die auch heute manchmal anzutreffen sind. In ihnen wird einer Partei das Recht zugestanden, ein oder mehrere Male die gleiche Menge nachzufordern oder nachzuliefern, die bei einem festen Abschluß vereinbart ist. Der Käufer in einem Nochgeschäft muß dafür einen höheren Preis als den jeweili-

---

[135] Vgl. Obst/Hintner, a.a.O., S. 528 und S. 606 ff. Enzyklopädisches Lexikon für das Geld-, Bank- und Börsenwesen, Frankfurt 1957, S. 289.
[136] a.a.O., S. 607.
[137] Der Grund liegt vor allem in dem großen Risiko des Verkäufers der Stellage, wodurch das Stellgeld zu hoch wird.
Vgl. Obst/Hintner, a.a.O., S. 608 f.
[138] Vgl. Obst/Hintner, a.a.O., S. 609.

gen Terminpreis bezahlen, der Verkäufer, der das Nachlieferungsrecht erworben hat, muß sich dagegen mit einem geringeren Preis als dem jeweiligen Terminpreis zufrieden geben. Das Nochgeschäft gibt dem Berechtigten eine gute Wertsicherung. Der Verpflichtete kann sein Risiko durch andere Termingeschäfte rückdecken, wenn er es nicht aus besonderen Gründen (z. B. Lagerräumung) selber tragen will.

Der grundsätzliche Mangel des Termingeschäftes ist der, daß nur die Sicherung eines bestimmten Nennbetrages, nicht aber einer bestimmten Kaufkraft erreicht wird, da durch das Termingeschäft die Erfüllung des Schuldverhältnisses – wirtschaftlich gesehen – nur verschoben wird. Devisentermingeschäfte geben daher nur eine Sicherung vor Geldwertänderungen der Fremdwährung, die anderen Termingeschäfte eine Sicherung vor saisonalen, konjunkturellen, modischen und strukturellen Preisänderungen, nicht dagegen eine Sicherung vor Geldwertschwankungen der Inlandswährung. Diese Sicherung wird auch dann nur erreicht, wenn im Einzelfall in der Unternehmung die im Angebot zugrunde gelegten Preisverhältnisse bzw. Kursrelationen am Tage der Vornahme des Termingeschäfts – also nach Geschäftsabschluß – unverändert fortbestehen.

Obwohl die Termingeschäfte nicht als die Eigenwährung gefährdend angesehen werden können, weil sie vor Änderungen ihres Geldwertes keinen Schutz bieten, sind sie in Deutschland seit 1931 grundsätzlich verboten gewesen, nachdem schon einmal die als währungspolitisch schädlich betrachteten Termingeschäfte durch die Verordnung über Termingeschäfte vom 3. 7. 1923 verboten worden waren[139]. An Warentermingeschäften waren Baumwolltermingeschäfte an der Bremer Baumwollterminbörse und Zuckertermingeschäfte an der Hamburger Zuckerbörse bis Kriegsausbruch 1939 zugelassen. Devisentermingeschäfte waren lediglich bei Exportgeschäften durch Vermittlung der Reichsbank bis Kriegsausbruch 1939 möglich gewesen[140].

Die Auflockerung des generellen Verbotes der Termingeschäfte hat nur langsam Fortschritte gemacht. Nach § 3 des Währungsgesetzes ist die Vornahme von Termingeschäften nicht genehmigungspflichtig. Der Terminhandel an den deutschen Wertpapierbörsen ruht noch. Der Devisenterminhandel ist am 15. 5. 1950 unter in den Mitteilungen 709 1/50 der Bank deutscher Länder angegebenen Einschränkungen wieder aufgenommen worden. Nach den Mitteilungen 709 1/50 konnten die Außenhandelsbanken mit der Bank deutscher Länder, mit anderen Außenhandelsbanken, mit Exporteuren und mit Importeuren Devisentermingeschäfte in den Währungen tätigen, in denen die Außenhandelsbanken laufende Konten im Ausland unterhalten. Die Devisenterminkurse wurden, sofern es sich nicht um Währungen mit festen Kursen handelt, von der Bank deutscher Länder aus

---
[139] Vgl. S. 18.
[140] Vgl. Obst/Hintner, a.a.O., S. 413.

Nach § 3 WG nicht genehmigungspflichtige Wertsicherungsklauseln 75

Angebot und Nachfrage ermittelt, wobei die Bank deutscher Länder stabilisierend als Anbieter oder Nachfrager auftreten konnte. Im Einzelfalle mußte der Betrag einen Gegenwert von DM 20 000,— und mehr haben. Ferner mußte es sich um ein Waren- oder um ein Dienstleistungsgeschäft handeln, über das der Exporteur bzw. der Importeur eine entsprechende Erklärung abgeben mußte. Prolongationen waren möglich.

Die später erfolgten Erleichterungen im Devisenverkehr führten zu einer Regelung, die in den Mitteilungen der Bank deutscher Länder 7004 bis 7011/55 niedergelegt wurde und mit Wirkung vom 1. 2. 1955 in Kraft trat. In der Mitteilung 7007/55[141] wurden die Außenhandelsbanken ermächtigt, mit der inländischen Kundschaft ausländische Währung gegen Deutsche Mark oder ausländische Währung gegen ausländische Währung per Kasse oder per Termin mit beliebiger Laufzeit zu handeln. Termingeschäfte konnten die Außenhandelsbanken nur auf Grund seitens der Bankenkundschaft mit dem Ausland vereinbarter devisenrechtlicher Geschäfte abschließen. Es war demnach nicht mehr erforderlich, daß es sich um ein Waren- oder Dienstleistungsgeschäft handeln muß. Prolongationen wurden ausdrücklich für zulässig erklärt, wenn sich die Abwicklung der Grundgeschäfte verzögert. Weiter wurde in der Mitteilung 7007/55 gesagt, daß die von der Kundschaft per Termin gekauften Devisen auch zur Regulierung anderer genehmigter Geschäfte verwendet werden können, sofern im Zeitpunkt des Devisenanfalles die zahlungsmäßige Abwicklung des dem Termingeschäft zugrunde liegenden Geschäfts aus irgendeinem Grunde nicht durchgeführt werden kann: Überziehungen unter gewissen Umständen, Verzinsung der Währungskonten und der direkte Übergang von einer Währung in eine andere waren zulässig.

Swapgeschäfte gegen Deutsche Mark waren nur in der Form des Verkaufs von Devisen per Kasse und des Rückkaufs auf Termin gestattet.

In der Mitteilung 7049/57 der Deutschen Bundesbank vom 18. 10. 1957[142] wurde die Mitteilung Nr. 7007/55 neugefaßt. Danach sind den Geldinstituten Terminabschlüsse mit der inländischen Kundschaft, untereinander und mit dem Ausland mit beliebiger Laufzeit gestattet. Es bedurften der Genehmigung der zuständigen Landeszentralbank multilaterale Geschäfte

a) in den amtlich notierten, beschränkt konvertierbaren Währungen und in DM mit mehr als 6 Monaten Laufzeit,

b) in französischen Franken sowie Geschäfte in amtlich notierten, beschränkt konvertierbaren Währungen mit französischen Banken mit mehr als 3 Monaten Laufzeit.

Im übrigen galten die Vorschriften für den Kassahandel. Unter Beachtung obiger Vorschriften sind Swapgeschäfte untereinander und mit dem

---
[141] Bundesanzeiger Nr. 14 vom 21. 1. 1955.
[142] Bundesanzeiger Nr. 207 vom 26. 10. 1957.

Ausland in allen Währungen zugelassen. Die Aufnahme von Leihdevisen oder von Krediten im Ausland in Form von Swapgeschäften war nicht gestattet. Devisenleihgeschäfte der Geldinstitute können in allen Währungen mit beliebiger Laufzeit abgeschlossen werden. Bei Devisenleihgeschäften mit dem Ausland müssen die Zinsen der Marktlage entsprechen; ihre Aufnahme ist jedoch nur für die Durchführung termingebundener Devisenzahlungen gestattet. Die Laufzeit darf dabei 8 Tage nicht überschreiten; Prolongationen sind ausgeschlossen.

Die Geldinstitute dürfen unverändert Geschäfte mit der inländischen Kundschaft nur abschließen, soweit die geltenden devisenrechtlichen Vorschriften dies gestatten. Bei Terminengagements hat der Kunde für den Einzelfall oder allgemein zu versichern, daß seine Aufträge in Verbindung mit devisenrechtlich zulässigen Geschäften stehen.

Nach der Neuordnung des Zahlungsverkehrs mit dem Ausland und der Herstellung der Konvertibilität der DM[143] wurden die Vorschriften über den Devisenhandel durch die Mitteilung Nr. 7042/58 der Deutschen Bundesbank[144] neugefaßt. Zum Devisenhandel sind demnach alle Währungen zugelassen. Im Kassa- und Terminhandel können die Geldinstitute danach alle Fremdwährungen gegen DM oder gegen eine andere Fremdwährung mit beliebiger Laufzeit unter sich, mit ihren inländischen Kunden sowie mit ausländischen Banken handeln. Termindevisen werden nicht notiert.

Grundsätzlich will sich die Bundesbank am Terminhandel nicht beteiligen.

Swapgeschäfte sind ebenfalls in allen Währungen zugelassen. Die Aufnahme von Leihdevisen oder von Krediten im Ausland in Form von Swapgeschäften ist jedoch nicht gestattet.

Devisenleih- und -darlehnsgeschäfte dürfen die inländischen Geldinstitute untereinander in allen Währungen mit beliebiger Laufzeit abschließen. Vom Ausland dürfen Leihdevisen nur für die Durchführung termingebundener Zahlungen hereingenommen werden; die Laufzeit darf dabei 8 Tage nicht überschreiten und eine Prolongation kann nicht vorgenommen werden.

Die Vereinbarung von Devisentermingeschäften, die außerhalb der allgemeinen Genehmigung der Deutschen Bundesbank liegen, wäre ein Verstoß gegen die Devisengesetze. Im Rahmen des Zulässigen haben die Devisentermingeschäfte heute in Deutschland wieder eine große Bedeutung, da sie im Außenhandel das Risiko der Kursschwankungen der ausländischen Währung ausschließen. Sie schützen so die Unternehmung vor Kurs-

---

[143] Runderlaß Außenwirtschaft Nr. 60/58 vom 29. 12. 1958, Bundesanzeiger Nr. 248 vom 30. 12. 1958, S. 3. Die Konvertibilität ist freilich nur innerhalb der Interventionspunkte hergestellt.
[144] Mitteilungen der Deutschen Bundesbank Nr. 7041/7042/7043/58 und 7007/55 (2. Neufassung), Bundesanzeiger Nr. 248 vom 30. 12. 1958, S. 4 f.

verlusten. Wie jedes Termingeschäft läßt freilich auch das heute in Deutschland zulässige Devisentermingeschäft spekulative Engagements zu, die hier aber nicht zur Erörterung stehen.

Neben den Devisentermingeschäften sind im Außenhandel heute in Deutschland auch Warentermingeschäfte wieder möglich. Bereits auf Grund des Runderlasses Außenwirtschaft Nr. 96/52[145] waren mit Wirkung vom 1. 9. 1952 Termingeschäfte in Baumwolle und Wollkammzug an den Terminbörsen von New York und New Orleans bzw. Antwerpen und Roubaix/Tourcoing für deutsche Erstverarbeiter und nach den Vorschriften des Einfuhrverfahrens antragsberechtigte Importfirmen zugelassen worden. Die Terminabschlüsse sind an die offiziellen Notierungen gebunden und die Geschäfte müssen sich im Rahmen der Usancen der Terminbörse halten. Abschlüsse zur Erzielung von Spekulationsgewinnen sind unzulässig.

Nach dem neueren Runderlaß Außenwirtschaft Nr. 55/54 vom 8. 7. 1954[146] dürfen im Handels- oder Genossenschaftsregister eingetragene Handels- und Industrieunternehmen zur Absicherung gegen Marktrisiken, die im eigenen Geschäftsbetrieb bei dem Ein- und Verkauf, sowie während der Erzeugung, Einlagerung und Verarbeitung bestimmter Warenpartien entstehen, Warentermingeschäfte mit Mitgliedern ausländischer Terminbörsen abschließen. Durch den Runderlaß Außenwirtschaft 25/57 vom 30. 4. 1957 ist die bisherige Beschränkung und auch das Verbot von Abschlüssen zur Erzielung von Spekulationsgewinnen weggefallen.

Ferner dürfen nach diesem Runderlaß Mitglieder inländischer Terminbörsen Warentermingeschäfte mit ausländischen Unternehmen abschließen, sofern die handelsüblichen Sicherheiten geleistet sind.

Die Zahlung muß in allen Fällen über eine Außenhandelsbank laufen, und der Terminhändler hat den Abschluß eines jeden Termingeschäfts der zuständigen Landeszentralbank anzuzeigen.

Durch die Bekanntmachungen 1–11 zum Runderlaß Außenwirtschaft Nr. 55/54[147] wurden die Rohstoffe, mit denen Warentermingeschäfte abgeschlossen werden dürfen, und die Börsenplätze, an denen gehandelt werden darf, festgesetzt. Danach ist der Terminhandel nur in den Waren Baumwolle, Wollkammzug, Kautschuk, Zinn, Blei, Zink, Kupfer, Rohkaffee, Rohkakao, Schellack und Zucker gestattet. Außerdem wurde bestimmt, daß Zahlungen nur über ein beschränkt konvertierbares DM-Konto oder über ein Zahlungsabkommen im Verrechnungswege vereinbart und durchgeführt werden.

---

[145] Bundesanzeiger Nr. 170 von 1952.
[146] Bundesanzeiger vom 8. 7. 1954.
[147] Ebenda. Bundesanzeiger vom 8. 7. 1954.

Durch die Mitteilung Nr. 7068/54 der Bank deutscher Länder[148] wurden die Außenhandelsbanken ermächtigt, Überweisungsaufträge auf Grund von Warentermingeschäften auszuführen. In der Bundesrepublik sind Terminbörsen nur in Hamburg für Zucker und Kaffee und in Bremen für Baumwolle wieder eröffnet worden. Inzwischen ist der Katalog der zugelassenen Waren und Börsenplätze erweitert worden[149].

Der Terminhandel an den deutschen Effektenbörsen ist hingegen noch nicht wieder gestattet.

e) Sachschuldverhältnisse

In aller Regel ist in der Unternehmung die Gegenleistung in Geld zu erfüllen. In einigen Branchen sind jedoch auch Tauschverträge, oft gekoppelt mit einem Kaufvertrag, anzutreffen. Durchweg ist der eine Teil dabei ein Landwirt. Bei Zuckerfabriken ist die Lieferung von Zuckerschnitzeln gegen Lieferung von Zuckerrüben anzutreffen. Der Zuckerrübenpreis ist so bemessen, daß der abliefernde Landwirt einen Anspruch auf eine bestimmte Menge Gratisschnitzel erhält. Die Molkereien geben bestimmte Mengen Magermilch an den Milch abliefernden Landwirt zurück. Tauschgeschäfte finden sich auch bei Getreide- und Ölmühlen. Der Werklohn wird dabei durchweg in der Menge der Gegenleistung gerechnet. Diese Tauschgeschäfte haben sich in allen Zeiten bewährt, da die Gegenleistung aus der Leistung gewonnen wird, Beschaffungs- und Preisrisiken für beide Teile ausgeschlossen sind und nicht zuletzt der Tauschvertrag den Geschäftsabsichten beider Vertragsteile, nämlich Absatz bzw. Einkauf der Gratisschnitzel, Magermilch usw. entgegenkommt.

Während es bei den obigen Tauschverträgen grundsätzlich um den Tausch Ware gegen Ware geht, ist auch die Vereinbarung anzutreffen, daß das Entgelt für eine reine Dienstleistung in Sachwerten bestehen soll. Bei Abbruchunternehmungen wird beispielsweise vereinbart, daß das Entgelt die beim Abbruch gewonnenen Materialien sein soll. Wird der Wert der beim Abbruch gewonnenen Materialien höher geschätzt, als der Preis der Abbrucharbeiten festgesetzt ist, so muß die Abbruchunternehmung sogar noch etwas zahlen; umgekehrt erhält sie eine Geldzahlung, wenn der Wert der gewonnenen Materialien niedriger als der Preis der Abbrucharbeiten geschätzt wird.

Sachentgelte sind in Kohlenbergwerken und Zuckerfabriken auch die Deputate, in landwirtschaftlichen Betrieben freie Kost und Unterkunft, in Brauereien der Freitrunk. Man muß es auch als Sachentgelte betrachten, wenn Unternehmungen an ihre Arbeiter und Angestellten Lieferungen

---

[148] Bundesanzeiger vom 8. 7. 1955.
[149] Eine Zusammenstellung der zugelassenen Waren gibt die Deutsche Zeitung, 1957, Nr. 47 (17. 6. 1957), S. 6.

aus ihrer Produktion zu stark verbilligten Preisen abgeben oder bei Aktiengesellschaften eigene Aktien zu sehr niedrigem Kurs verkaufen. Letztere Sachentgelte haben allerdings freiwilligen Charakter.

In allen Fällen des Pachtzinses in Form von Naturalien liegt ein Sachentgelt vor. Ein Pachtzins in Form von Naturalien kommt nicht nur bei landwirtschaftlichen Betrieben, sondern auch im Bereiche der Industrie vor, allerdings nur in besonders gelagerten Fällen. Beispielsweise kann ein Betrieb unter der Bestimmung verpachtet werden, daß der Pachtzins eine bestimmte Menge der im Betrieb hergestellten Produkte betragen soll, die vom Verpächter mit oder ohne Be- oder Verarbeitung sodann veräußert werden. Auch ein Erbbauzins und die Abfindung eines weichenden Erben können in Naturalien erfolgen.

Der wirtschaftliche Wert aller Sachentgelte liegt darin, daß eine Sicherung vor Geldwertschwankungen erreicht wird, und zwar in einer als vollkommen anzusprechenden Weise. Aus diesem Grunde ist die „Rückkehr zum Tauschgeschäft" immer in Zeiten starker Geldentwertung festzustellen. In Zeiten stabilen Geldwertes beschränkt sich der Umfang des Tauschgeschäftes auf die Fälle, wo es den eigentlichen Geschäftsabsichten der Vertragspartner entgegenkommt, und jeder die Produkte des anderen Vertragspartners für seine Produktion bedarf (z. B. der Landwirt liefert an die Zuckerfabrik Zuckerrüben und erhält von ihr Zuckerschnitzel zur Verfütterung). Die Vereinbarung von Sachentgelten schützt dagegen nicht vor konjunkturellen und saisonalen Preisschwankungen. Hat sich der Preis der zu liefernden Sache verändert, während die übrigen Preise konstant geblieben sind, so kann der Empfänger der Sache Verluste erleiden, aber auch Gewinne erzielen. Die Vereinbarung eines Sachschuldverhältnisses kann deshalb dem beabsichtigten Zweck vollkommen zuwiderlaufen.

Die Vereinbarung von Sachentgelten ist nach § 3 des Währungsgesetzes nicht genehmigungspflichtig[150]. Daß das Sachentgelt ernstlich gewollt sein muß, andernfalls doch § 3 des Währungsgesetzes zum Zuge kommen kann, sei hier nur der Vollständigkeit halber erwähnt[151]. Die währungsrechtliche Zulässigkeit der Vereinbarung von Sachentgelten ergibt sich aus dem Wortlaut von § 3 des Währungsgesetzes und dem Grundsatz der engen Auslegung dieser Bestimmung.

Auch die Vereinbarung, daß das Entgelt in dem Erlös aus dem Verkauf von bestimmten Gütern bestehen soll, kann unter Umständen als die Vereinbarung eines Sachentgeltes angesehen werden. So hat der Bundesge-

---

[150] Vgl. dazu: Eppig, NJW 1949, S. 532; Wilmanns, BB 1951, S. 908 f.; Ranninger, DNotZ 1951, S. 399; Dürkes, a.a.O., S. 22 f.; Fögen NJW 1953, S. 1322; Szagunn, BB 1955, S. 970, Dürkes, a.a.O., 4. Auflage, S. 63 ff.
[151] Hinweis auf S. 38 ff., vgl. auch Beschluß des Oberlandesgerichts Köln vom 6. 12. 1950, NJW 1951, S. 363 ff., und Beschluß des Oberlandesgerichts Celle vom 22. 8. 1950, RdL 1950, S. 280 f.; Fögen, BB 1958, S. 1250.

richtshof in seinem Urteil vom 14. 7. 1952[152] entschieden, daß ein vor der Währungsumstellung 1948 begründeter Anspruch auf den Erlös aus dem Verkauf von Maschinen nicht der Abwertung unterliegen soll. Er begründete sein Urteil damit, daß nach dem Willen der Parteien der Anspruch des Klägers eine Sachschuld zum Gegenstand haben sollte. Dem Kläger sollte eine bestimmte Anzahl nach der Gerätenummer genau bestimmbarer Maschinen übereignet und dann von dem Beklagten für ihn veräußert werden. Das Mark = Mark-Gesetz könne deshalb nicht zum Zuge kommen, so daß der Anspruch unverändert die Währungsumstellung überlebt hat. Ebenso hatte der Bundesgerichtshof in einem früheren Urteil entschieden[153]. G. und D. Reincke[154] bestreiten m. E. zu Unrecht die Richtigkeit dieser Rechtsprechung des Bundesgerichtshofes, da in einem ähnlichen Falle, bei dem zufällig der Umweg der Übereignung an den Inhaber des Anspruches auf den späteren Verkaufserlös nicht vorgesehen war, der Bundesgerichtshof die Umstellung im Verhältnis 10:1 für zutreffend gefunden hatte. Wie schon mehrfach hervorgehoben, so zeigt sich auch hier, daß Zufälligkeiten in der Formulierung nach dem Willen des Gesetzgebers für das spätere Schicksal des Schuldverhältnisses entscheidend sein können. Die Vereinbarung eines Sachentgeltes in der Weise, wie es dem Bundesgerichtshof im Urteil vom 14. 7. 1952 vorlag, ist nach dem geltenden Währungsrecht zulässig.

Als eine nach § 3 des Währungsgesetzes nicht genehmigungspflichtige Wertsicherung ist auch die Vereinbarung einer Beteiligungsklausel in einem Sachschuldverhältnis anzusehen. In aller Regel wird nur die Beteiligung an irgendeiner Produktion in Betracht kommen. So wäre es z. B. in einem Kaufvertrag denkbar, daß kein Kaufpreis in Geld, sondern ein bestimmter Prozentsatz der Produktion des verkauften Betriebes als Sachentgelt an den Verkäufer oder auch an eine von ihm bezeichnete oder noch zu bezeichnende Stelle für einen bestimmten Zeitraum zu liefern ist. Eine derartige Vereinbarung hat freilich nur dann Sinn, wenn der Verkäufer die Produktion jeweils nachprüfen und die betreffenden Produkte verwerten kann. Nach dem oben genannten Urteil des Bundesgerichtshofes vom 14. 7. 1952 sollte es auch möglich sein, die Übereignung der Produkte an den Verkäufer und die Verwertung durch den Käufer für dessen Rechnung zu vereinbaren.

Eine Wertsicherung kann auch dadurch erreicht werden, daß statt eines Sachschuldverhältnisses eine gesellschaftsrechtliche Beteiligung vereinbart wird. Die Vertragsfreiheit im Gesellschaftsrecht ist durch das Währungsgesetz nicht berührt.

---

[152] Betrieb 1952, S. 758 f.
[153] Vom 7. 5. 1951, zitiert bei G. und D. Reinicke, Betrieb 1951, S. 616 f.
[154] Betrieb 1951, S. 616 f.

Nach § 3 des Währungsgesetzes nicht genehmigungspflichtig ist auch die Vereinbarung von Sachschuldverhältnissen in Darlehnsform. Allerdings liegt hier eine Umgehungsabsicht der Bestimmung des Währungsgesetzes nahe.

Es ist die Frage aufgetaucht, ob währungsrechtlich jede Sache Gegenstand einer Sachleistung sein kann. Aufschlußreich ist hierzu die Begründung des Oberlandesgerichtes Schleswig zu seinem Beschluß vom 15. 10. 1954[155]. Nach der Währungsreform war als Hofabfindung vereinbart worden, daß 500 Zentner Roggen in zehn gleichen Jahresmengen von dem Übernehmer des Hofes an seine Schwester zu liefern seien. Das Grundbuchamt hatte die Eintragung einer entsprechenden Reallast abgelehnt, weil die Vereinbarung gegen das Roggenschuldengesetz vom 16. 5. 1934 und die 1. Durchführungsverordnung hierzu vom 25. 5. 1934 verstoße und daher unzulässig sei. Das Oberlandesgericht weist darauf hin, daß sämtliche Bestimmungen, die auf den Schutz der Reichsmark abgestellt waren, mit der Währungsreform gegenstandslos geworden sind. Es gelte nur noch § 3 des Währungsgesetzes. Danach ist nicht verboten, statt einer sonst üblichen Geschwisterabfindung in Geld eine solche durch Lieferung von Roggen festzulegen.

Die Vereinbarung von Roggenschulden ist demnach uneingeschränkt zulässig. Die Zulässigkeit von Getreideschulden in Altenteils- und Grundstückskaufverträgen ist von der Rechtsprechung ebenfalls bejaht worden[156]. Auch die Vereinbarung von anderen Warenschulden und von Verpflichtungen zu bestimmten Dienstleistungen ist als nicht genehmigungsbedürftig im Sinne von § 3 des Währungsgesetzes anzusehen.

Nicht zulässig im Sinne von § 3 Satz 1 des Währungsgesetzes ist dagegen die Vereinbarung eines Sachentgelts in Form von Gold[157]. Der Handel von Goldmünzen zwischen Inländern ist jedoch seit dem 19. Oktober 1954 wieder zugelassen[158].

Nicht genehmigungsbedürftig im Sinne von § 3 des Währungsgesetzes werden im Schrifttum[159] und in der Rechtsprechung[160] Vereinbarungen angesehen, wonach aus einem verpachteten, landwirtschaftlichen Grundstück als Pacht eine bestimmte Menge von landwirtschaftlichen Erzeugnissen zu liefern ist, die jedoch auf diesem Grundstück nicht gewonnen werden

---

[155] NJW 1955, S. 65.
[156] Vgl. Haegele, a.a.O., S. 148; Beschluß des Oberlandgerichtes Celle vom 29. 7. 1952, DNotZ 1952, S. 479 ff.
[157] Vgl. Dürkes, a.a.O., 4. Auflage, S. 18.
[158] Vgl. Mitteilung der Bank deutscher Länder 6086/54.
[159] Vgl. Dürkes, a.a.O., 4. Auflage, S. 66; Haegele, Der Wirtschaftsprüfer 1954, S. 148; Lange, NJW 1957, S. 250 f.
[160] Beschluß des Oberlandesgerichts Celle vom 29 7. 1952, DNotZ 1952, S. 479.

kann. Sie verstoßen nur gegen § 6 des Landpachtgesetzes[161], der eine derartige Vereinbarung nur dann für zulässig erklärt, wenn die zu liefernde Menge aus dem Grundstück selbst gewonnen werden kann. Daraus kann der Schluß gezogen werden, daß allgemein eine sich erst bei Umdeutung des Vertrages nach § 140 BGB in Verbindung mit § 134 BGB ergebende Geldschuld, deren Betrag in Deutscher Mark durch den Preis anderer Güter bestimmt werden soll, einer Genehmigung nach § 3 Satz 2 des Währungsgesetzes nicht bedarf.

Als zulässig nach der Währungsgesetzgebung wird es auch angesehen, wenn der Gläubiger einer Sachleistung nach Fälligkeit im Einzelfall eine Geldzahlung an Erfüllungsstatt gemäß § 364 Satz 1 BGB annimmt[162]. Dies kann dann Bedeutung haben, wenn die Leistung einer Sache vereinbart wird, deren effektive Beschaffung sich später als schwierig erweisen sollte. Eine Klausel, wonach im Falle der Bewirtschaftung der geschuldeten Sache eine Geldzahlung in Höhe des jeweiligen Marktpreises der bewirtschafteten Ware erfolgen soll, verstößt nicht gegen § 3 des Währungsgesetzes[163]. Praktisch dürfte diese Klausel jedoch wertlos sein, da im Fall der Zwangsbewirtschaftung der betreffenden Ware der Preis gesetzlich festgesetzt oder gebunden werden kann, so daß die beabsichtigte Wertsicherung ausbleibt.

Die Wertsicherung wird bei einem Sachschuldverhältnis auch nicht erreicht, wenn die Leistung der Sache durch einen vom Schuldner nicht zu vertretenden Umstand nachträglich unmöglich wird. Nach § 275 Satz 1 BGB wird der Schuldner von der Verpflichtung zur Leistung frei. Nicht zu vertretende Unmöglichkeit liegt auch bei einsetzender Zwangsbewirtschaftung vor[164]. Der Ersatzanspruch, den der Gläubiger nach § 281 BGB erhält, richtet sich in der Hauptsache nach dem amtlichen oder preisrechtlich zulässigen Preise am Fälligkeitstage, der die Geldwertänderungen nicht mitgemacht hat, so daß die einzige wertsichernde Funktion des Sachschuldverhältnisses – die Sicherung vor Geldwertänderungen – im Falle der Zwangsbewirtschaftung der geschuldeten Sache verlorengeht.

Das Risiko der Zwangsbewirtschaftung wird ausgeschaltet, wenn als Sachleistung die Lieferung von bestimmten Aktien vereinbart wird. Dafür stellen sich die der Beteiligung in Form von aktieneigentümlichen Risiken ein. *Eppig*[165] hielt noch 1949 eine diesbezügliche Vereinbarung für kaum erwähnenswert, weil eine Wertsicherung doch nicht erreicht würde.

---

[161] Vom 25. 6. 1952, BGBl. I, S. 343 und S. 398. Hinweis auf Lange, Über Wertsicherungsklauseln im Landwirtschaftsrecht, NJW 1957, S. 250 f.
[162] Vgl. Eppig, NJW 1949, S. 531 ff.
[163] Vgl. Dürkes, a.a.O., 4. Auflage, S. 67; Eppig NJW 1949, S. 531 ff.
[164] Vgl. Palandt, Bürgerliches Gesetzbuch, München und Berlin 1954, S. 267, A 4 und § 275.
[165] NJW 1949, S. 531 ff.

Um den im Sachschuldverhältnis liegenden Risiken begegnen zu können, liegt es nahe, ein Wahlschuldverhältnis zu vereinbaren, bei dem eine wählbare Leistung eine Sachleistung ist.

f) Wahlschuldverhältnisse

Die Wahlschuldverhältnisse gestatten, bei Fälligkeit der Leistung zwischen mindestens zwei vereinbarten Leistungen die zu wählen, die nach Ansicht des Gläubigers die für ihn günstigste ist.

Da nach § 262 BGB im Zweifelsfalle dem Schuldner das Wahlrecht zusteht, wird sich der Gläubiger das Wahlrecht ausdrücklich vorbehalten müssen.

Gemäß § 263 Satz 2 BGB gilt die gewählte Leistung als von Anfang an geschuldet.

Bei der Vereinbarung eines Wahlschuldverhältnisses in der Form, daß wahlweise eine bestimmte Geldsumme in Inlandswährung oder eine andere Summe in einer ausländischen Währung geschuldet wird, wird nach § 265 BGB eine Beschränkung auf die Schuld in Inlandswährung erfolgen, wenn die nach § 3 Satz 1 des Währungsgesetzes erforderliche Genehmigung versagt wurde[166]. Die Vereinbarung des Wahlschuldverhältnisses hätte in diesem Falle nichts genutzt. Entscheidet sich der Gläubiger für die Zahlung in ausländischer Währung, und ist die erforderliche Genehmigung nicht vorher eingeholt worden, so ist das Rechtsgeschäft schwebend unwirksam, bis die Genehmigung erteilt oder versagt worden ist.

Nach § 3 des Währungsgesetzes sollte es möglich sein, ein Wahlschuldverhältnis zu vereinbaren, bei dem jede wählbare Leistung währungsrechtlich zulässig ist. Es kann also theoretisch ein Geldschuldverhältnis in Deutscher Mark mit einem festen Nennbetrag und wahlweise ein Geldwertschuldverhältnis, eine Spannungsklausel, Kostenelements- oder Beteiligungsklausel, ein zulässiges Fremdwährungsschuldverhältnis oder ein Sachschuldverhältnis in allen Kombinationen vereinbart werden. Die Schuld entsteht erst nach erfolgter Wahl. Es liegt allerdings nahe, mit einem Wahlschuldverhältnis eine Umgehung von § 3 des Währungsgesetzes zu erreichen. Es muß angenommen werden, daß die Gerichte entsprechend hohe Anforderungen an die Erkennbarkeit des wirklichen Willens der Vertragsparteien stellen werden[167].

---

[166] Vgl. Palandt, a.a.O., S. 267, A 4 zu § 275.
[167] So sah das Landgericht Braunschweig in der Klausel „5000 DM oder Grundgehalt einer bestimmten Beamtengruppe" eine genehmigungspflichtige Mindestklausel, Beschluß vom 3. 12. 1953, NJW 1954, S. 883 ff. Vgl. Eppig, NJW 1949, S. 532; Fögen NJW 1953, S. 1326. BGH-Urteil vom 6. 7. 1959, BB 1959, S. 1006.

Die bisher ergangene Rechtsprechung betrifft nur wenige der theoretisch möglichen und zulässigen Wahlschuldverhältnisse. Eine abwartende Haltung in der Beurteilung der praktischen Zulässigkeit von Wahlschuldverhältnissen, zu denen die Rechtsprechung noch nicht Stellung genommen hat, erscheint daher angebracht.

Regelmäßig verneint hat die Rechtsprechung die Zulässigkeit eines Wahlschuldverhältnisses, wonach der Gläubiger wahlweise eine Sachleistung oder einen dem jeweiligen Marktpreise der Sache entsprechenden Geldbetrag in Deutscher Mark fordern kann[168]. Die Gerichte konnten in diesen Fällen in der wahlweisen Schuld eines dem jeweiligen Marktpreis der Sache entsprechenden Geldbetrages nicht eine Geldwertschuld erblicken, sondern sahen darin eine genehmigungspflichtige Geldbetragsschuld mit Wertsicherungsklausel (§ 3 Satz 2 des Währungsgesetzes). In der Literatur[169] herrscht ferner Übereinstimmung, daß die Vereinbarung einer festen und wahlweise einer veränderlichen Geldschuld genehmigungspflichtig ist, da sie einer unzulässigen Mindestklausel gleichkomme[170]. Die Auffassung wird von der Rechtsprechung durch einen Beschluß des Landgerichts Braunschweig vom 8. 12. 1953[171] bestätigt. Derartige Mindestklauseln haben nach der derzeitigen Praxis keine Aussicht auf Genehmigung[172]. *Dürkes*[173] ist im Gegensatz zu *Eppig*[174] und *Ranninger*[175] der Ansicht, und *Szagunn*[176] hält es für zweifelhaft, daß und ob aus zwei genehmigungsfreien Tatbeständen bei einer Zusammenfassung in einer einzigen Klausel nicht plötzlich ein genehmigungspflichtiger Tatbestand erwachsen kann. Abgesehen von dieser durchaus juristischen Problematik erscheint es schwer, in der Vereinbarung eines festen Geldbetrages und einer Spannungsklausel z. B. die Spannung noch als ernstlich gewollt zu betrachten, so daß Umgehungsabsicht von § 3 WG zu unterstellen wäre.

Auch für nach § 3 Satz 2 des Währungsgesetzes genehmigungspflichtige, wahlweise Schulden gilt, daß nach § 265 BGB eine Beschränkung auf die übrigen wahlweisen Leistungen eintritt, wenn die für eine Leistung erforderliche Genehmigung versagt wurde. Ist die erforderliche Genehmigung weder erteilt noch versagt worden, liegt schwebende Unwirksamkeit vor.

---

[168] Oberlandesgericht Schleswig, Beschluß vom 23. 7. 1951, MDR 1951, S 679 = DNotZ 1951, S. 416, und LG München, DNotZ 1952, S. 220. Vgl. auch: Haegele, a.a.O., S. 148, mit weiteren Literaturangaben.
[169] Dürkes, a.a.O., 4. Auflage, S. 69, Szagunn BB 1955, S. 970.
[170] Es wird auf Seite 60 verwiesen.
[171] NJW 1954, S. 883 ff.
[172] Hinweis auf Seite 35.
[173] a.a.O., 4. Auflage, S. 54.
[174] BB 1955, S. 971.
[175] NJW 1949, S. 532 und S. 534.
[176] DNotZ 1951, S. 400.

Für währungsrechtlich zulässig werden einhellig in der Rechtsprechung Vereinbarungen gehalten, wonach wahlweise ein bestimmter Geldbetrag in Deutscher Mark oder eine bestimmte Menge einer Sache geschuldet wird[177]. Das Oberlandesgericht Schleswig führt zur Begründung seines diesbezüglichen Beschlusses vom 23. 7. 1951 aus, daß der etwa zu zahlende Geldbetrag im vorliegenden Fall ein für allemal festgesetzt und von Warenpreisen unabhängig sei. Andererseits sei der etwaige Naturalanspruch fest umrissen. § 3 des Währungsgesetzes verbiete nicht die wahlweise Zusage eines ein für allemal bestimmten Geldbetrages und einer ebenfalls ein für allemal bestimmten Menge, eine Abrede, welche die vom Gesetz allein für gefährlich erachtete Abhängigkeit eines Geldbetrages vom jeweiligen Preis einer Warenmenge vermeidet. Diese Auffassung ist bereits 1949 von *Eppig*[178] vertreten worden.

Bei dem Beschluß des Oberlandesgerichts Celle vom 11. 12. 1951 handelte es sich um Altenteilsleistungen, die wahlweise in Naturalien oder in einer bestimmten Geldsumme geleistet werden konnten. Das Gericht hielt eine Genehmigungspflicht für nicht gegeben.

Willmans[179] hält die Vereinbarung eines Wahlschuldverhältnisses auch für den Fall für zulässig, daß die Befugnis des Gläubigers zur Wahl einer Sache nur für einen Eventualfall vereinbart ist, z. B. für den Fall „wesentlicher Änderungen des Geldwertes" oder einer 10%igen Steigerung des jetzigen Preises. Ein Wahlschuldverhältnis besteht erst nach Eintritt des Eventualfalles. Der in § 3 Satz 2 des Währungsgesetzes geforderte Tatbestand ist nicht erfüllt, so daß die Zulässigkeit zu bejahen wäre. Frage ist nur, ob im Einzelfall nicht eine Umgehungsabsicht von § 3 des Währungsgesetzes unterstellt werden kann.

Möglich ist es nach der herrschenden Meinung von Schrifttum[180] und Rechtsprechung[181], statt eines Wahlschuldverhältnisses eine Ersetzungsbefugnis zu vereinbaren, wonach der Gläubiger innerhalb einer bestimmten Frist vor Fälligkeit der Leistung erklären kann, daß er statt der Geldleistung die im Vertrage vorgesehene Sachleistung wünscht. Freilich muß die Ersetzungsbefugnis ernstlich gewollt sein[182].

---

[177] Oberlandesgericht Schleswig, Beschluß vom 23. 7. 1951, MDR 1951, S. 679 = DNotZ 1951, S. 416; Oberlandesgericht Celle, Beschluß vom 11. 12. 1951, DNotZ 1952, S. 126, Oberlandesgericht Celle, Beschluß vom 30. 9. 1954, DNotZ 1955, S. 315.
[178] NJW 1949, S. 531 ff.
[179] BB 1951, S. 909.
[180] U. a. Haegele, Der Wirtschaftsprüfer, Juni 1954, S. 148; Dürkes, a.a.O., 4. Auflage, S. 68.
[181] Oberlandesgericht Celle, Beschluß vom 30. 9. 1954, DNotZ 1955, S. 315. Hinweis auf den Beschluß des Landgerichts München vom 14. 3. 1952, DNotZ 1952, S. 220, und Urteil des Oberlandesgerichts München vom 4. 6. 1958, BB 1958, S. 786, das die Ersetzungsbefugnis für eine genehmigungspflichtige Klausel hält.
[182] Vgl. BGH-Urteil vom 6. 7. 1959, BB 1959, S. 1005.

In allen angeführten Fällen wird die beabsichtigte Wertsicherung im „Ernstfalle" ausbleiben können. Die Geldleistung ist der Gefahr der Geldentwertung, die Sachschuld der Gefahr der Unmöglichkeit wegen einsetzender Zwangsbewirtschaftung ausgesetzt.

Diese letztere Gefahr ist bei den Wandelschuldverschreibungen nicht gegeben. Wandelschuldverschreibungen scheinen deshalb eine gute Wertsicherung zu bieten, so daß sie hier zu erörtern sind. Ihre Begebung ist währungsrechtlich nicht genehmigungsbedürftig.

Ursprünglich ist das Wandlungsrecht ein Substitut für eine gute Ansicherung seitens des Wandelschuldverschreibungen begehenden Unternehmens gewesen[183]. *Gerstenberg*[184] nennt drei Motive des Investors, „Convertible bonds" zu zeichnen:

1. Gewißheit eines Einkommens aus der Kapitalanlage (the certainty of income characteristic of the bond),
2. Gläubigerstellung im Konkurs (the preferred position of a creditor if the company should fail),
3. die Chance der Gewinnbeteiligung, wenn das Unternehmen ertragreich wird (the chance of sharing in the profits if the company become prosperous).

Dazu müßte man als vierten Grund für die Wandelschuldverschreibungen nennen:

4. Die Chance, das Gläubigerverhältnis in eine Beteiligung an der Substanz des Unternehmens in Form von Aktien zu wandeln.

Diese Chance kann die Wandelschuldverschreibung zu einem wertbeständigen Wertpapier machen, dessen Bedeutung für die kapitalanlagesuchenden Unternehmungen, insbesonders für Versicherungsunternehmungen, allgemein unterschätzt wird.

Der Inhaber einer Wandelschuldverschreibung, der von seinem Wandlungsrecht Gebrauch macht, teilt alle Risiken des Aktionärs, wenn er seine Schuldverschreibung in eine Aktie gewandelt hat. Diese Risiken liegen nicht nur in dem Wesen der Beteiligung, sondern auch eventuell in Kursbildungen am Wertpapiermarkt begründet, die weder der tatsächlichen Lage der Unternehmung, noch den eingetretenen Geldwertänderungen entsprechen. Sie können sich bei der Veräußerung der durch die Wandlung erhaltenen Aktien sehr unangenehm bemerkbar machen. Nach den Erfahrungen der letzten 40 Jahre können jedoch die Risiken nach erfolgter Wandlung die Chance der Sicherung vor Verlusten durch Geldentwertungen nicht aufwiegen.

---

[183] Vgl. Kämpke, Die Wandelschuldverschreibung als Mittel zur Finanzierung der Unternehmung, Diss. Köln 1954, S. 21.
[184] Financial Organization and Management, third edition, New York 1953, S. 166.

Nach § 3 WG nicht genehmigungspflichtige Wertsicherungsklauseln

Bei der Währungsumstellung 1948 wurden Wandelschuldverschreibungen zwar auch nach § 16 des Umstellungsgesetzes im Verhältnis 10:1 auf Deutsche Mark umgestellt, das Umtauschrecht blieb jedoch unverändert erhalten[185]. Gab eine Wandelschuldverschreibung von nom. 1000,— Reichsmark eine Wandlungsberechtigung in eine Aktie von nom. 1000,— Reichsmark, so wurde zwar die Wandelschuldverschreibung auf nom. 100,— DM umgestellt; bei einer Kapitalumstellung 1:1 lautete das Umtauschrecht nunmehr auf 1000,— DM.

Nicht gewandelte Wandelschuldverschreibungen sichern bei Geldwerterhöhung die Rückzahlung zum Rückzahlungskurs, der in den Anleihebedingungen festgelegt ist. Bei Geldwertverschlechterungen ist die Wandlung gegeben. Dabei ist wesentlich, welcher Zuzahlungsbetrag in den Anleihebedingungen vorgesehen ist. Richtet sich der Zuzahlungsbetrag nach dem Aktienkurs, so wird die Wertsicherung für den Inhaber der Wandelschuldverschreibung ausbleiben, da der gesunkene Geldwert sich in einem erhöhten Aktienkurs niederschlägt. Ferner kann die Bemessung des Zuzahlungsbetrages nach der jeweiligen Aktionärdividende die Wertsicherung des Gläubigers beeinträchtigen, da auch die Aktionärdividende von der Geldwertentwicklung nicht unabhängig ist. Als für den Inhaber „wertbeständig" erscheinen daher nur Wandelschuldverschreibungen mit festen Zuzahlungsbeträgen. Die Aktionäre der Unternehmung, die Wandelschuldverschreibungen mit festen Zuzahlungsbeträgen begeben hat, werden jedoch bei Wandlung in Zeiten der Geldentwertung geschädigt, da die Substanz der Unternehmung sich auf ein größeres Aktienkapital verteilt und die Zuzahlungsbeträge nicht ausreichen werden, um den dadurch bedingten Rückgang des Substanzwertes einer jeden Aktie aufzuwiegen. Das führt dazu, daß die Aktionäre bei Wandlung in Zeiten der Geldentwertung doch einen Werteverlust erleiden, obwohl sie „Sachwertbeteiligte" sind. Dieser Werteverlust wird um so größer sein, je größer der Anteil des durch die Wandlung entstandenen Aktienkapitals am Gesamtkapital ist. Dies zeigt sich am folgenden Beispiel, das von nachstehenden Daten ausgeht:

Nom. 50 Mill. DM Wandelschuldverschreibungen werden zu einem Zeitpunkt begeben, an dem der Kurs der Aktien der begebenden Unternehmung 100 % beträgt. Es wird unterstellt, daß dieser Kurs dem Wert der Unternehmung entspricht. Das Aktienkapital beträgt 200 Mill. DM. Es wird gewandelt bei einem Kursstand von 220 %, der der Geldentwertung vom Tage der Begebung an entspricht. Es ist eine Prämisse für die folgenden Ausführungen, daß sich die Geldentwertung vom Tage der Begebung bis zur Wandlung in einer Erhöhung des Kurses der Aktien von 100 % auf 220 % ausgewirkt hat. Die Substanz der Unternehmung ist also unverändert geblieben. Der Zuzahlungsbetrag beträgt 40 % des Nominalbetrages der Wandelschuldverschreibungen.

---
[185] Von Caemmerer, JZ 1951, S. 417.

Alle Inhaber machen wegen der Geldentwertung von ihrem Wandlungsrecht Gebrauch. Der Unternehmung gehen 40% von 50 Mill. DM = 20 Mill. DM an Zuzahlungsbeträgen zu, jedoch verteilt sich nunmehr ihr Wert auf ein Aktienkapital von 200 Mill. DM + 50 Mill. DM = 250 Mill. DM, was einem Kurse von 510 Mill. DM : 250 Mill. DM = 204% entspricht. Die alten Aktionäre erleiden so einen Werteverlust von 220% − 204% = 16% des Nominalbetrages ihrer Aktien.

Beträgt das durch Wandlung von Wandelschuldverschreibungen entstandene neue Aktienkapital 100 Mill. DM, so ergibt sich unter den gleichen Voraussetzungen ein Werteverlust von 27%[186].

Dieser Werteverlust betrifft aber sowohl die alten Aktionäre wie die Inhaber der Wandelschuldverschreibungen. Bei vollkommener Wertsicherung müßte auch der Inhaber der Wandelschuldverschreibung einen Wert von 260% seiner Forderung erhalten; er erhält aber nur 204% bzw. 193%. Es ergibt sich, daß auch bei festen Zuzahlungsbeträgen der Inhaber der Wandelschuldverschreibung nur eine weitgehende, nicht aber eine vollkommene Wertsicherung erreicht.

Für die alten Aktionäre ist der Werteverlust nur ein scheinbarer, da nach § 174, Satz IV, des Aktiengesetzes[187] ihnen ein Bezugsrecht auf die Wandelschuldverschreibungen zugestanden wird, das nur durch Beschluß der Hauptversammlung nach § 153, Absatz III, des Aktiengesetzes[188] ausgeschlossen werden kann. Der Kurs des Bezugsrechtes und der Wandelschuldverschreibung müßte die Risikoprämie für den etwaigen Werteverlust bei der späteren Wandlung enthalten.

Ist der Inhaber einer Wandelschuldverschreibung zugleich Aktionär, so schmälert der Werteverlust bei seinen Aktien die Werterhaltung bei seiner Wandelschuldverschreibung.

Immerhin erscheint die Wertsicherung bei einer Wandelschuldverschreibung wirkungsvoller als bei einer Aktienbezugsrechts-Obligation[189] oder als bei einem Wahlschuldverhältnis, bei dem wahlweise eine Geldleistung

---

[186] Das Aktienkapital beträgt nach der Wandlung 200 Mill. DM alte Aktien zuzüglich 100 Mill. DM neue Aktien = 300 Mill. DM. Voraussetzungsgemäß ist der Wert der Unternehmung bei Begebung der Wandelobligationen gleich dem alten Aktienkapital 200 Mill. DM, durch die Geldentwertung bei der Wandlung 220% höher = 440 Mill. DM. Dazu kommen 100 Mill. DM aus der Wandlung der Obligationen in Aktien und 40% davon = 40 Mill. DM aus den Zuzahlungsbeträgen. Der Wert der Unternehmung erhöht sich dadurch auf 580 Mill. DM. 580 / 300 Mill. DM ergibt einen neuen Kurs von 193%. Gegenüber dem Kurs vor der Wandlung von 220% ergibt sich der Werteverlust von 220 − 193% = 27%.
[187] „Auf Wandelschuldverschreibungen, Gewinnschuldverschreibungen und Genußrechte haben die Aktionäre ein Bezugsrecht. § 153 gilt sinngemäß."
[188] „Das Bezugsrecht kann ganz oder teilweise nur im Beschluß über die Erhöhung des Grundkapitals ausgeschlossen werden."
[189] s. S. 66 ff.

oder eine Sachleistung geschuldet wird, die der Zwangsbewirtschaftung unterliegen kann.

Der Vorteile der Wandelschuldverschreibung bedient sich ein Wahlschuldverhältnis, bei dem wahlweise die Leistung einer bestimmten Geldsumme oder einer Menge Aktien einer bestimmten Aktiengesellschaft geschuldet werden soll. Ist der Schuldner die betreffende Aktiengesellschaft selbst, so kämen Vorratsaktien in Betracht. Ein derartiges Wahlschuldverhältnis wird als zulässig im Sinne von § 3 des Währungsgesetzes angesehen[190]. Es birgt aber für den Schuldner ein großes Risiko, da die Aktien zum Erfüllungszeitpunkt einen Kurswert haben können, der nicht allein auf eingetretene Geldwertänderungen, sondern auch auf Zufälligkeiten der Kursbildung auf dem Wertpapiermarkt und auf Änderungen des Wertes der Aktiengesellschaft zurückgehen kann. Der Schuldner kann durch ein derartiges Wahlschuldverhältnis stark benachteiligt werden.

Unbedenklicher ist dagegen ein Wahlschuldverhältnis, bei dem wahlweise die Leistung einer bestimmten Geldsumme oder die Eigentumsübertragung eines bestimmten Grundstücks bzw. die Einräumung des Miteigentums zu einem bestimmten Bruchteil geschuldet wird. Das Risiko der Zwangsbewirtschaftung von Grundstücken ist wie bei den Aktien äußerst gering, dagegen entfällt das Risiko des Schuldners der Übervorteilung weitgehend.

Abschließend zu den Wahlschuldverhältnissen sei erwähnt, daß eine Verzinsung auch vor Konkretisierung der Schuld erfolgen kann. Man wird dabei von einer vorläufigen Geldschuld ausgehen[191].

3. Die dingliche Sicherung von wertgesicherten Schuldverhältnissen

a) Die Höchstbetragshypothek

Die Gläubiger erstreben oft eine dingliche Sicherung ihrer wertgesicherten Forderung[1].

Die übliche Form der dinglichen Sicherung einer Geldforderung durch eine Hypothek, Grund- oder Rentenschuld scheidet aus, da nach § 28 der

---

[190] M. E. trifft der Einwand, daß im Hinblick auf die „leichte Verwertbarkeit" der Aktien von vornherein eine Umgehungsabsicht von § 3 des Währungsgesetzes zu unterstellen sei, keineswegs zu, da viele andere Güter grundsätzlich genau so leicht zu verwerten sind. Im übrigen muß auch das Risiko des Kursverlustes für den Gläubiger beachtet werden.
[191] Zur Verzinsung einer zunächst noch unbestimmten Geldschuld siehe: Oberlandesgericht Neustadt, Beschluß vom 16. 3. 1950, DNotZ 1950, S. 431 ff.; Oberlandesgericht Hamm, Beschluß vom 3. 10. 1950, NJW 1950, S. 954 f.; Oberlandesgericht München, Urteil vom 4. 4. 1950, SJZ 1950, Sp. 824 f.; ferner Eppig, NJW 1949, S. 534; Ranninger, DNotZ 1951, S. 396 ff.
[1] Eine wertgesicherte Forderung ist eine Forderung aus Verträgen mit Wertsicherungsklauseln, die entweder genehmigt oder nicht genehmigungspflichtig sind. Hinweis auf Abschnitt II,1.

Grundbuchordnung nur dann ein Grundpfandrecht eingetragen werden darf, wenn eine Geldsumme in der Inlandwährung geschuldet wird, und es sich nach §§ 1113, 1191, 1199 BGB um eine bestimmte Geldsumme handeln muß.

Für wertgesicherte Geldschuldverhältnisse ist jedoch die Eintragung einer Höchstbetragshypothek nach § 1190 BGB möglich. § 1190 BGB besagt, daß eine Hypothek in der Weise bestellt werden kann, daß nur der Höchstbetrag, bis zu dem das Grundstück haften soll, bestimmt, im übrigen die Feststellung der Forderung vorbehalten wird. Es ist zu beachten, daß der Gläubiger der Forderung stets der eingetragene Berechtigte sein muß, da die Höchstbetragshypothek nach § 1190, Satz 3 BGB als Sicherungshypothek gilt. Die Erteilung eines Briefes wie bei der Verkehrshypothek ist ausgeschlossen und der gutgläubige Erwerber ist allen Einwendungen gegen die Forderung ausgesetzt. Bei der Übertragung der Hypothek muß nach § 1190, Satz 4 BGB auch die Forderung übertragen werden; die Eintragung des neuen Gläubigers ist erforderlich[2]. Die Höchstbetragshypothek ist deshalb zum Umlauf nicht geeignet. Wenn der Gläubiger die Abtretung der Forderung nicht beabsichtigt, sollte die Höchstbetragshypothek jedoch in allen Fällen ihre Zwecke erfüllen.

Der Höchstbetrag ist so festzusetzen, daß die Zinsen und etwaige Nebenleistungen (außer Kosten nach § 1118 BGB) einbezogen sind. Das Grundstück haftet bei einer Höchstbetragshypothek nur mit der eingetragenen Summe.

b) Der Nießbrauch

Der Nießbrauch kann der dinglichen Sicherung sowohl einer Geld- wie einer Sachforderung dienen. Nach § 1130 BGB ist derjenige, zu dessen Gunsten die Belastung einer Sache mit einem Nießbrauchrecht erfolgt, berechtigt, die Nutzungen der Sache zu ziehen. Der Berechtigte kann auch eine juristische Person sein. Der Nießbrauch kann durch den Ausschluß einzelner Nutzungen beschränkt werden. Der Nießbrauch wird meistens bei Gutsüberlassungen und letztwilligen Verfügungen eingeräumt, jedoch gilt der sogenannte Sicherungsnießbrauch als zulässig[3]. Als solcher kann der Nießbrauch für wertgesicherte Forderungen eine geeignete dingliche Sicherung sein.

c) Die Reallast

Bei regelmäßig oder unregelmäßig wiederkehrenden Leistungen ist die Eintragung einer Reallast möglich. Die Leistungen müssen bei der Reallast nicht bestimmt, jedoch bestimmbar sein, so daß sie für wiederkehrende, wertgesicherte Leistungen die erstrebte dingliche Sicherung bietet. Die

---

[2] Vgl. Palandt, a.a.O., S. 1194, A 6 zu § 1190.
[3] Vgl. RG 67, 379; RG 106, 111.

Leistung kann sowohl eine Geld- wie eine Sachleistung sein. Auch bei einem Wahlschuldverhältnis ist die Eintragung einer Reallast möglich, da auch hierbei die Leistung bestimmbar ist.

Wie ein Nießbrauchrecht kann die Reallast zu Gunsten einer Aktiengesellschaft, einer Gesellschaft mit beschränkter Haftung oder einer anderen juristischen Person eingetragen werden. Für Baudarlehen ist es von Bedeutung, daß auch grundstücksgleiche Rechte wie Erbbaurechte mit einer Reallast gelastet werden können[4].

Nach der heutigen Rechtsauffassung ist es nicht erforderlich, daß die geschuldeten Leistungen in Natur aus dem belasteten Grundstück gewonnen werden. Im Schrifttum ist es strittig, ob sie überhaupt in einer Beziehung zu dem belasteten Grundstück stehen müssen[5]. Die neuere Rechtsprechung[6] entschied jedoch — soweit bekannt — übereinstimmend, daß eine derartige Beziehung nicht vorhanden sein muß. Als Begründung führt das Oberlandesgericht Celle in seinem Beschluß vom 29. 7. 1952 aus, daß die Formulierung im § 1105 BGB „Leistungen aus dem Grundstück" nur eine auch bei der Hypothek, Grundschuld oder Rentenschuld anzutreffende Bezeichnung des dinglichen Rechts ist, dessentwegen sich der Gläubiger durch Zwangsvollstreckung in das Grundstück befriedigen kann. Daß die Leistungen in einer wirtschaftlichen oder sonstigen Beziehung zum belasteten Grundstück stehen, insbesondere die zu leistenden Gegenstände in Natur aus dem Grundstück gewonnen werden können, entspräche zwar der geschichtlichen Entwicklung der Reallast, sei aber nach dem Wortlaut des BGB nicht mehr Voraussetzung für ihre Begründung. Für landwirtschaftliche Grundstücke gilt dagegen das Gesetz über das landwirtschaftliche Pachtwesen vom 25. 6. 1952[7], nach dessen § 6 die Vereinbarung einer Naturalpacht nur zulässig ist, wenn diese Menge aus dem verpachteten Grundstück selbst gewonnen werden kann. Nach § 9,1 der Verordnung über das Erbbaurecht vom 15. Januar 1919[8] gelten die Vorschriften des BGB über die Reallasten auch für den Erbbauzins. Es erscheint deshalb folgerichtig, daß nach dem Beschluß vom 14. 3. 1952[9] des Landgerichtes München ein Erbbauzins in Naturalien im Grundbuch eintragungsfähig ist[10].

---

[4] Vgl. Palandt, a.a.O., S. 1113, A 2 zu § 1105.
[5] Vgl. Palandt, a.a.O., S. 1113, A 4 zu § 1105.
[6] Landgericht Düsseldorf, DNotZ 1952, S. 125; Landgericht München, Beschluß vom 14. 3. 1952, DNotZ 1952, S. 220; Oberlandesgericht Celle, Beschluß vom 29. 7. 1952, DNotZ 1952, S. 479.
[7] BGBl. I, S. 343 u. 398.
[8] BGBl., S. 72.
[9] DNotZ 1952, S. 220 ff.
[10] Nach Dürkes, a.a.O., 3. Auflage, S. 60.

d) Ratenweise Auflassung bei Grunderwerb

Bei Grundstückskaufverträgen, nach denen der Kaufpreis in Raten nach einer Wertsicherungsabrede erfolgen soll, kann die dingliche Sicherung der Forderung dadurch erreicht werden, daß die Auflassung bei Eingang einer jeden Rate zu dem Bruchteil erfolgt, den die Rate am Gesamtpreis ausmacht. Der Verkäufer bleibt in dem Verhältnis Eigentümer am Grundstück, wie der Kaufpreis noch offensteht. Der Käufer kann seinen Anspruch durch eine Auflassungsvormerkung, der Verkäufer sich durch ein Rücktrittsrecht sichern.

e) Auflassungsvormerkung bei wahlweiser Einräumung des Miteigentums an einem Grundstück

In Wahlschuldverhältnissen kann eine der wählbaren Leistungen die Einräumung des Miteigentums zu einem bestimmten Bruchteil an einem bestimmten Grundstück sein. Es wird dabei unterstellt, daß der Wert dieses Bruchteils sich wie der Wert der anderen wählbaren Leistung entwickeln werde.

Der Anspruch auf Einräumung des Miteigentums kann dinglich durch Eintragung einer Auflassungsvormerkung nach § 883, Satz 2 BGB gesichert werden.

f) Sicherungsübereignung

Bei wertgesicherten Darlehns- und Kaufpreisforderungen kann die dingliche Sicherung auch durch Sicherungsübereignung nach § 930 BGB von Maschinen, Warenvorräten oder anderen beweglichen Sachen unter der Bedingung erreicht werden, daß das Rechtsgeschäft, vermöge dessen der Erwerber den mittelbaren Besitz erlangt, jederzeit vom Gläubiger gekündigt werden kann und er das unentziehbare Recht hat, die sicherungsübereigneten Gegenstände danach soweit zu veräußern, wie es zur Befriedigung seiner wertgesicherten Darlehns- oder Kaufpreisforderung erforderlich ist.

g) Eigentumsvorbehalt

Schließlich sei der Eigentumsvorbehalt nach § 455 BGB bei wertgesicherten Kaufpreisforderungen aus dem Verkauf von beweglichen Sachen als Möglichkeit der dinglichen Sicherung erwähnt. Der Eigentumsvorbehalt erlischt erst, wenn die nach der Wertsicherungsvereinbarung berechnete Kaufpreissumme gezahlt ist.

Auf die allgemeinen Mängel des Eigentumsvorbehalts wie der Sicherungsübereignung als dingliche Sicherung sei hier nur der Vollständigkeit halber hingewiesen[11].

---

[11] s. dazu die umfangreiche Spezialliteratur.

4. Allgemeine Beurteilung der Wertsicherung durch Vertragsklauseln im Hinblick auf die zukünftige Gesetzgebung

Nachdem die nach dem heutigen Recht in Deutschland möglichen Wertsicherungen durch Vertragsklauseln und ihre speziellen Unvollkommenheiten hinsichtlich der Wertbeständigkeit gegenüber Geldwertänderungen und durch nichtmonetäre Einflüsse bedingte Preisänderungen dargestellt worden sind, ist nunmehr die Frage zu erörtern, ob allgemein die Vertragsklauseln eine Wertsicherung im Hinblick auf die zukünftige Gesetzgebung garantieren können.

Es ist dargelegt worden, daß auch in der Vergangenheit einige Wertsicherungsvereinbarungen — wenn vielleicht auch nur unvollkommen — lange Zeit ihren Zweck erfüllt haben. Viele Unternehmungen möchten die Preisvorbehalte und Kostenelementsklauseln in ihren Lieferverträgen nicht missen. Bei nichtmonetären Preisänderungen haben sich Wertsicherungsklauseln häufig bewährt. Andererseits war immer wieder herauszustellen, daß der Staat gerade im Ernstfall, nämlich in Zeiten großer Geldentwertung, in bestehende wertgesicherte Verträge — insbesondere langfristiger Natur — eingegriffen hat, um ihre Wirkung der kumulativen Preissteigerungen in der Volkswirtschaft zu bannen[1], und um zu vermeiden, daß er selber wertbeständige Anleihen ausgeben mußte, weil ungesicherte Anleihen nicht mehr unterzubringen waren. Es wurde auch herauszustellen versucht, daß es manchmal Zufälligkeiten in der Vertragsformulierung waren, ob die Wertsicherung durch Gesetz wirkungslos wurde oder nicht. Es besteht kein Anlaß, daran zu zweifeln, daß es auch in Zukunft so sein kann[2]. Ferner besteht überall da, wo die Wertsicherung durch die Koppelung des Schuldbetrages an Preise von Gütern und Leistungen erfolgt, keine Garantie, daß — wenn der Staat auch nicht in die bestehenden Verträge eingreift — durch einsetzende Preisfestsetzungen und Preisbindungen durch den Staat die beabsichtigte Vertragserfüllung ausbleibt, da die Geldwertänderungen nicht mehr in den Preisen zum Ausdruck kommen. Daß bei einsetzender Zwangsbewirtschaftung Sachforderungen der Gefahr der Unmöglichkeit der Lieferung ausgesetzt sind, wurde schon bei der Darstellung der Wertsicherung durch Sachschuldverhältnisse hervorgehoben.

---

[1] Die Preise steigen bei einer zu großen Geldvermehrung auch ohne Wertsicherungsklauseln. Wenn aber in allen Verträgen Wertsicherungen enthalten sind, genügt eine Preiserhöhung, um eine Kette von Preiserhöhungen zu bewirken, deren Ende nicht abzusehen ist. Vgl. Fögen in NJW 1953, S. 1913, und Rentrop, Betrieb 1952, S. 171. Rentrop weist darauf hin, daß bei allseitiger Wertsicherung eine Inflation uninteressant wird. Tatsächlich hat ja auch z. B. die Preisstopgesetzgebung ab 1936 das Preisniveau relativ niedriger gehalten. Vgl. Rittershausen, Internationale Handels- und Devisenpolitik, Frankfurt/M., 1. Auflage, S. 174.

[2] s. dazu: Ranninger, DNotZ 1951, S. 404; Eppig DNotZ 1951, S. 407.

Wenn auch die Wertsicherungen durch Vertragsklauseln in Zeiten geringer Geldwertänderungen und freier Marktwirtschaft gute Behelfe sind, die Unternehmung vor Werteverlusten durch Geldwertänderungen und nicht monetär bedingten Preisänderungen zu schützen, so bleibt doch nichts anderes übrig, als sich nach einer anderen Methode umzusehen, die eine bessere Wertsicherung ermöglicht.

III. Wertsicherung durch das monetäre Gleichgewicht in der Unternehmung

1. Der Begriff des monetären Gleichgewichts in der Unternehmung

Die andere Methode, die Wertsicherung in der Unternehmung zu erreichen, ist die des monetären Gleichgewichts in der Unternehmung. Sie unterscheidet sich von der Methode der Wertsicherung durch Vertragsklauseln grundlegend dadurch, daß sie nicht durch Parteivereinbarung zustande kommt, also von Außenstehenden vollständig unabhängig durchgeführt wird. Dies ist schon ein nicht zu unterschätzender Vorteil, da die Möglichkeit der Geldentwertung gewöhnlich größer als die der Geldwertsteigerung geschätzt wird, und der Schuldner in einem Schuldverhältnis gar kein Interesse an einer Wertsicherung haben kann, wenn er nicht gerade eine Preisermäßigung oder eine Geldwertsteigerung erwartet.

Die Aktiva und Passiva einer Unternehmung gliedern sich in Real- und Geldwerte. Das monetäre Gleichgewicht in der Unternehmung ist dadurch bestimmt, daß ihre aktiven Geldwerte die passiven Geldwerte decken. Unter dem „monetären Gleichgewicht" ist nicht nur das Gleichgewicht von aktiven und passiven Geldwerten einer zu einem bestimmten Stichtag aufgestellten Bilanz im üblichen Sinne zu verstehen. Der Begriff ist weiter zu fassen. Beispielsweise sind noch zu erfüllende Einkaufs- und Verkaufskontrakte Geldwerte, die zwar bei der Bestimmung des monetären Gleichgewichts in der Unternehmung Berücksichtigung finden, jedoch nicht in die Bilanz aufgenommen werden. Allgemein gesagt, befindet sich eine Unternehmung im monetären Gleichgewicht, wenn die gegenwärtigen und aus festen Kontrakten zukünftigen aktiven Geldwerte jeweils die passiven decken, und zwar in der Weise, daß auch eine Deckung unter Berücksichtigung der Auswirkungen von Wertsicherungsklauseln und der Fristigkeiten gegeben ist. Die Unternehmung ist dann in der Lage, Kostengüterpreisänderungen jederzeit in den Verkaufspreisen weiterzuwälzen.

Der Begriff des monetären Gleichgewichts in der Unternehmung geht auf den von *F. Schmidt*[1] geprägten Begriff der „Wertgleichheit in der Bi-

---

[1] Die organische Tageswertbilanz, Wiesbaden 1951, S. 131 ff. E. Schmalenbach hat diesen Begriff als Prinzip unternehmerischen Handelns bei seinen Arbeiten über die Kapitalerhaltung (als Aufgabe der Unternehmungsrechnung) nicht gebraucht. Vgl. E. Schmalenbach: Geldwertausgleich in der bilanzmäßigen Erfolgsrechnung, ZfhF, 15. Jahrg. (1921), S. 401–417; Die steuerliche Behandlung der Scheingewinne. Zwei Vorträge über Scheingewinne, 2. Auflage, Jena 1922. Dynamische Bilanz, 4. Auflage, Leipzig 1926.

lanz" zurück. *F. Schmidt* bezeichnet die Wertgleichheit als eine Aufgabe der Unternehmungsführung, nicht der Unternehmungsrechnung. Er betrachtet die Wertgleichheit in der Bilanz vom organischen Gesichtspunkt. Da die Bilanz einer Unternehmung auf der Aktiv- wie auf der Passivseite Geldwerte aufweist, sei die Wertgleichheit dann erreicht, wenn alle Geldforderungen und Geldbestände der Aktivseite durch Aufnahme von Geldschulden und alle Realgüter der Aktivseite aus Eigenkapital beschafft werden[2]. Langfristige, unkündbare Geldschulden, insbesonders unkündbare Hypotheken und Obligationen dürfe man im Sinne des Prinzips der Wertgleichheit in der Bilanz als Eigenkapital betrachten, und „ihre Wertschwankungen an Kaufkraft während der Unkündbarkeit können die Unternehmung nicht gefährden"[3]. *F. Schmidt* gibt jedoch später zu, daß man sich der Gefahren, die aus Geldwertänderungen auch für die Kredite entstehen können, wenn der Rückzahlungstermin in eine Zeit hohen Geldwertes fällt, immer bewußt bleiben muß[4]. Im übrigen stellt *F. Schmidt* fest, daß das Prinzip der Wertgleichheit mit dem der Liquidität identisch ist[5], ohne darauf näher einzugehen.

Der Begriff der „Wertgleichheit in der Bilanz" ist nicht nur enger, sondern auch etwas anders als der des „monetären Gleichgewichts in der Unternehmung" gefaßt; enger, weil er nur auf Bilanzwerte abstellt, während der Begriff des monetären Gleichgewichts auch die Geldwerte aus festen, noch nicht erfüllten Kontrakten erfaßt, anders, weil er langfristige, unkündbare Schulden als Eigenkapital behandelt und nicht als passive Geldwerte, wie es beim monetären Gleichgewicht der Fall ist.

Wenn man von einem „Prinzip" des monetären Gleichgewichts sprechen wollte, wäre es deshalb mit dem Prinzip der Liquidität nicht identisch, wenn auch eine gewisse Verwandtschaft nicht zu leugnen ist.

2. Die Wirkung von Geldwertänderungen auf die im monetären Gleichgewicht befindliche Unternehmung

a) Währungsschnitte

Geldwertänderungen sind als Währungsschnitte oder als schleichende Geldwertänderungen denkbar. Bei diesen verändert sich der Geldwert im Verlaufe einer gewissen Zeitspanne, bei den Währungsschnitten wird er durch gesetzgeberischen Akt zu einem gewissen Zeitpunkt auf einen anderen Stand gebracht. Ein solcher Währungsschnitt war beispielsweise die Währungsreform zum 21. Juni 1948 in der britischen, französischen und

---
[2] a.a.O., S. 133.
[3] a.a.O., S. 135.
[4] a.a.O., S. 136.
[5] a.a.O., S. 137.

Die Wirkung von Geldwertänderungen auf die Unternehmung

amerikanischen Besatzungszone von Deutschland. Währungsschnitte sind eine moderne Zeiterscheinung in den Ländern, welche die Notenpresse zu stark in Bewegung gesetzt haben[1].

Wenn alle Geldwerte von dem Währungsschnitt gleichmäßig betroffen werden, tritt weder ein Werteverlust noch ein Wertegewinn für die im monetären Gleichgewicht befindliche Unternehmung auf. Erfolgt der Währungsschnitt beispielsweise im Verhältnis 10 alte Geldeinheiten zu einer neuen Geldeinheit, so werden die Bilanzwerte 10:1 umgestellt, während die Geldwerte aus festen, noch nicht erfüllten Verträgen unverändert bestehen bleiben. Daraus ergibt sich, daß die Geldwerte in der Bilanz und gesondert die Geldwerte aus festen, noch nicht erfüllten Verträgen auf der Aktiv- und Passivseite sich decken müssen, wenn – unter der Voraussetzung der gleichmäßigen Behandlung aller Bilanzwerte im Währungsschnitt – eine Wertsicherung der Unternehmung erreicht werden soll.

Beispiel:

1. Geldwerte vor dem Währungsschnitt

Aktiva
Bilanzwerte	DM 100 000
Werte aus festen, noch nicht erfüllten Verträgen	DM 10 000
	DM 110 000

Passiva
Bilanzwerte	DM 100 000
Werte aus festen, noch nicht erfüllten Verträgen	DM 10 000
	DM 110 000

2. Geldwerte nach einem Währungsschnitt 10:1

Aktiva
Bilanzwerte	DM 10 000
Werte aus festen, noch nicht erfüllten Verträgen	DM 10 000
	DM 20 000

Passiva
Bilanzwerte	DM 10 000
Werte aus festen, noch nicht erfüllten Verträgen	DM 10 000
	DM 20 000

Hätten die aktiven Bilanzwerte die passiven nicht gedeckt, so wäre ein Wertegewinn bzw. Werteverlust in der Unternehmung entstanden. Die Übereinstimmung aus festen, nicht erfüllten Verträgen ist nicht erforderlich, wenn sämtliche Verträge unbeschadet durch den Währungsschnitt in neuer Währung zu erfüllen sind.

Im monetären Gleichgewicht sind die Realgüter durch Eigenkapital gedeckt[2]. Eine Neubewertung der Realgüter anläßlich eines Währungsschnittes führt zu keinem echten Wertegewinn oder -verlust, da die Substanz

---
[1] Soweit bekannt, fand die erste „Währungsreform" im Februar 1796 in Frankreich statt, als die in schrankenloser Weise vermehrten Assignaten zu $1/30$ ihres Nominalwertes in neues Papiergeld umgetauscht wurden. Vgl. Bazot: Histoire des assignats, Amiens 1862.
[2] Zur Deckung können auch von Kunden erhaltene Anzahlungen dienen.

unverändert bleibt und lediglich eine Anpassung der Bezifferung des Eigenkapitals an den neuen Geldwert erfolgt.

Wenn man annehmen will, daß Wertsicherungsklauseln in Geldschuldverhältnissen bei einem Währungsschnitt nicht aufgehoben werden, ist Übereinstimmung der aktiven und passiven Geldwerte auch unter Berücksichtigung der Auswirkungen von Wertsicherungsklauseln auf Geldaktiva und -passiva zur Erreichung des monetären Gleichgewichts erforderlich.

Die Voraussetzung der gleichmäßigen Behandlung aller Geldwerte im Währungsschnitt ist in der Vergangenheit nicht restlos erfüllt gewesen. Bei der Währungsumstellung im Jahre 1948 gab es grundsätzlich vier Umstellungsverhältnisse:[3].

1. Umstellung 10:1 für alle Reichsmarkforderungen und -verbindlichkeiten im Sinne von § 13, Satz 3 des Umstellungsgesetzes nach § 16, Satz 1 des Umstellungsgesetzes,

2. Umstellung 100:6,5 der Guthaben bei Geldinstituten nach § 2 Absatz 1 des Umstellungsgesetzes und nach § 1 des Vierten Gesetzes zur Neuordnung des Geldwesens[4],

3. Umstellung 1:1 für bestimmte Reichsmarkverbindlichkeiten nach § 18 des Umstellungsgesetzes,

4. Umstellung im Wege richterlicher Vertragshilfe nach § 21 des Umstellungsgesetzes.

In der Versicherungswirtschaft galten zudem noch spezielle Umstellungsverhältnisse[5].

In bestimmten Fällen wurde die Wirkung der Währungsreform durch die Lastenausgleichsgesetzgebung gemildert und u. U. sogar aufgehoben[6].

Das Schicksal der wertgesicherten Schuldverhältnisse wurde an anderer Stelle schon dargestellt[7]. Die Wertsicherung wurde deshalb bei einer am Umstellungsstichtag im monetären Gleichgewicht befindlichen Unternehmung in der Regel nur annähernd erreicht.

Für etwaige zukünftige Währungsschnitte ist es völlig ungewiß, wie die einzelnen Schuldverhältnisse umgestellt werden. Das monetäre Gleichgewicht in der Unternehmung kann daher im Falle des Währungsschnitts eine nur höchst unvollkommene Wertsicherung bieten.

---

[3] Vgl. Deutsche Bundesbank, Die Gesetze zur Neuordnung des Geldwesens, Loseblattsammlung, Frankfurt/M.; Harmening, Währungsgesetze, München 1955.
[4] Mitt. der Bank deutscher Länder 1948, Nr. 12, S. 2; s. auch 2. DVO dazu.
[5] Vgl. Finke, Währungsgesetze der Versicherung, Weißenburg 1950, Nachtrag 1951.
[6] Das Lastenausgleichsgesetz, Loseblattsammlung, 4 Bände, Düsseldorf.
[7] s. Abschnitt II,2a).

b) Schleichende Geldwertänderungen

Bei einer schleichenden Geldwertänderung — sei es Inflation oder Deflation — verändert sich der Geldwert innerhalb einer gewissen Zeitspanne. Die Geldwertänderung kann innerhalb von Jahren und Monaten im relativ geringfügigen Umfange vor sich gehen. Die Geldwertänderung kann aber auch in hektischen Wellen erfolgen und innerhalb weniger Wochen und Tage — wie in der großen Inflation 1922/23 in Deutschland — erschreckende Ausmaße annehmen. Am Ende einer solchen nicht mehr schleichenden, sondern sich überschlagenden Geldwertänderung steht die Funktionsunfähigkeit des Geldes und die Notwendigkeit eines Währungsschnittes. Sie ist jedoch als Ausnahmefall anzusehen. Während bei einem Währungsschnitt die Geldnominalwerte „umgestellt" werden, ist dies bei einer schleichenden Geldwertänderung nicht der Fall. Hierbei bleiben regelmäßig die Nominalwerte der Schuldverhältnisse unverändert, lediglich die Kaufkraft des Geldes ändert sich.

Eine j e d e r z e i t im monetären Gleichgewicht befindliche Unternehmung wird schleichende Geldwertveränderungen ohne geldwertbedingte Verluste überstehen, sofern nicht Verzerrungen durch die Preisstopgesetzgebung erfolgen. Sie wird allerdings auch keine Wertegewinne dabei erzielen. Eine Unternehmung, die einen solchen erzielen will, begibt sich in das Gebiet der Spekulation, da niemals mit vollkommener Sicherheit die Geldwertentwicklung vorausgesehen werden kann. In Erwartung einer Geldentwertung wird sie ein Ungleichgewicht durch eine höhere Passivseite und, wenn sie eine Geldwertsteigerung erwartet, ein Ungleichgewicht durch eine höhere Aktivseite erstreben.

Die Auswirkungen einer schleichenden Geldwertverschlechterung um ¼ Indexpunkt pro Werktag auf eine im monetären Gleichgewicht befindliche Unternehmung soll an einem schematisierten Beispiel dargestellt werden. Die absoluten Geldwerte aus den festen, aber noch nicht erfüllten Verträgen werden nach dem Sprachgebrauch in der Woll- und Baumwollindustrie dabei „Kontraktgeldwerte" genannt[8]. Zur Vereinfachung wird unterstellt, daß

1. die Einzelpreise ebenfalls um genau ¼ Indexpunkt an jedem Werktag steigen (1. Tag: Index = 100%, 2. Tag: Index = 100¼% usw.),
2. ein Werteeingang und -ausgang pro Werktag von 100 000 Mark zu verzeichnen ist (d. h., daß ein Gewinn oder ein Verlust nicht entsteht und die aus Abschreibungen gewonnenen Mittel unverzüglich reinvestiert werden),
3. feste Einkaufs- und Verkaufskontrakte am 3. Tag vor Lieferung abgeschlossen werden, und

---

[8] In der Praxis gibt es auch laufend angefertigte Statistiken über Kontraktgeldwerte.

100 Wertsicherung durch das monetäre Gleichgewicht in der Unternehmung

4. Ein- und Ausgangsrechnungen am 2. Tag nach der Lieferung fällig und bezahlt werden.

Unter Beachtung dieser Voraussetzungen ergeben sich folgende Zahlen:[9]

	Aktiva			Passiva	
Tag	Bilanz-geldwerte DM	Kontrakt-geldwerte DM		Bilanz-geldwerte DM	Kontrakt-geldwerte DM
1.	200 000	300 000		200 000	300 000
2.	200 000	300 250		200 000	300 250
3.	200 000	300 750		200 000	300 750
4.	200 000	301 500		200 000	301 500
5.	200 250	302 250		200 250	302 250
6.	200 750	303 000		200 750	303 000
7.	201 250	303 750		201 250	303 750
8.	201 750	304 500		201 750	304 500
9.	202 250	305 250		202 250	305 250
10.	202 750	306 000		202 750	306 000
11.	203 250	306 750		203 250	306 750
12.	203 750	307 500		203 750	307 500
	usw.			usw.	

Auch bei einem einsetzenden Währungsschnitt treten keine Werteverluste ein, da die auftretenden Verluste durch entsprechende Gewinne wettgemacht werden.

Um das monetäre Gleichgewicht zu erhalten, müssen in jedem Falle Preisänderungen im Einkauf unverzüglich im Verkauf weitergewälzt werden.

---

[9] Am 1. Werktag betragen die Kontraktgeldwerte für drei Lieferungen zu je DM 100 000,–, die am 2., 3. und 4. Werktag erfolgen sollen, insgesamt DM 300 000,–, da nach Voraussetzung Nr. 2 ein werktäglicher Werteeingang und -ausgang von je DM 100.000,– erfolgen soll und nach Voraussetzung Nr. 3 feste Einkaufs- und Verkaufskontrakte am 3. Tag vor Lieferung abgeschlossen werden. Die Entwicklung der aktiven wie der passiven Kontraktgeldwerte ist folgende:

Kontraktgeldwerte am 1. Werktag	DM 300 000,–
./. Lieferung nach Vertrag am 2. Werktag	DM 100 000,–
+ Geldwert aus neuem Vertrag am 2. Werktag für die	DM 200 000,–
Lieferung am 5. Werktag DM 100 000,– zuzüglich ¼% Preissteigerung (DM 250,–) lt. Voraussetzung Nr. 1	DM 100 250,–
Kontraktgeldwerte am 2. Werktag	DM 300 250,–
./. Lieferung nach Vertrag am 3. Werktag	DM 100 000,–
+ Geldwert aus neuem Vertrag am 3. Werktag für die	DM 200 250,–
Lieferung am 6. Werktag DM 100 000,– zuzüglich ½% Preissteigerung (DM 500,–) lt. Voraussetzung Nr. 1	DM 100 500,–
Kontraktgeldwerte am 3. Werktag	DM 300 750,–
	usw.

Ist die Unternehmung z. B. durch feste, langfristige Einkaufskontrakte belastet und stehen diesen keine entsprechenden Verkaufskontrakte gegenüber, so erleidet sie einen Verlust, wenn die Verkaufspreise, auf Grund derer die Preise der Einkaufsverträge akzeptiert worden waren, fallen und die Erlöse zur Deckung des Aufwandes nicht mehr ausreichen[10].

Aus diesem Grunde dürfen die Geldwerte aus festen, noch nicht erfüllten Verträgen nicht unberücksichtigt bleiben.

Wertgesicherte Forderungen und Schulden sowie Wertsicherungen in den noch nicht erfüllten Verträgen können das monetäre Gleichgewicht nicht stören, wenn die Auswirkungen der Vertragsklauseln sich gegenseitig aufheben.

3. Die Wirkung von Preisänderungen infolge nichtmonetärer Einflüsse auf die im monetären Gleichgewicht befindliche Unternehmung

Eine vollkommene Wertsicherung muß auch Werteverluste ausschließen, die dadurch entstehen können, daß die Verkaufspreise eines Gutes seine Wiederbeschaffungskosten nicht mehr decken, weil diese infolge von speziellen Preisänderungen der Kostengüter gestiegen sind, während die Verkaufspreise gleich blieben.

Es wurde im vorangegangenen Abschnitt dargelegt, daß eine Wertsicherung durch Vertragsklauseln derartige Werteverluste ausschließen kann. Es wurde ferner darauf hingewiesen, daß eine der Voraussetzungen für die Erzielung des monetären Gleichgewichts darin besteht, daß die Auswirkungen etwaiger Wertsicherungsklauseln auf die Aktivseite diejenigen auf die Passivseite der Bilanz aufheben müssen. Die Wertsicherungsklauseln können nicht nur durch Geldwertänderungen, sondern auch durch Preisänderungen infolge nichtmonetärer Einflüsse in Funktion treten.

Die Auswirkungen von Preisänderungen infolge nichtmonetärer Einflüsse auf die im monetären Gleichgewicht befindliche Unternehmung gehen aus folgendem schematisierten Beispiel hervor. Zur Vereinfachung wird unterstellt, daß

1. ein Kostengüterpreis um genau ¼ Indexpunkt des Ausgangspreises an jedem Werktag steigt (1. Tag: Index = 100%),
2. ein Werteeingang und -ausgang pro Werktag von 100 000 Mark zu verzeichnen ist (d. h. daß ein Gewinn oder ein Verlust nicht entsteht und die aus Abschreibungen gewonnenen liquiden Mittel unverzüglich reinvestiert werden),

---

[10] In dem angeführten Beispiel würden bereits am 5. Tag die passiven Bilanzgeldwerte höher als die aktiven werden.

102 Wertsicherung durch das monetäre Gleichgewicht in der Unternehmung

3. der Anteil des Kostengutes, dessen Preis steigt, 50% des gesamten Werteeinganges ausmacht (50 000 Mark),
4. Kontrakte am 3. Tag vor Lieferung zum Basis-Preis von 100% abgeschlossen werden,
5. durch Wertsicherungsklauseln sowohl im Einkauf wie im Verkauf der Tagespreis des Lieferungstages in Rechnung gestellt wird, wobei die Preissteigerung im Einkauf vollkommen im Verkaufspreis weitergewälzt werden kann,
6. Ein- und Ausgangsrechnungen am 2. Tag nach der Lieferung fällig und bezahlt werden.

Danach ergeben sich folgende Zahlen:[1]

Aktiva	Bilanzgeldwerte		Kontraktgeldwerte
	Indexpunkte	DM	DM
1. Tag	wie unter	200 000	300 000
2. Tag	„Passiva"	200 125	300 000
3. Tag	dargestellt	200 375	300 000
4. Tag		200 625	300 000
5. Tag		200 875	300 000
6. Tag		201 125	300 000
7. Tag		201 375	300 000
8. Tag		201 625	300 000
9. Tag		201 875	300 000
10. Tag		202 125	300 000
11. Tag		202 375	300 000
12. Tag		202 625	300 000

---

[1] Die Erhöhung der Bilanzgeldwerte am 2. Werktag macht nur $1/8$% aus, da nach Voraussetzung Nr. 3 der Anteil des Kostengutes, dessen Preis steigt, 50% des gesamten Werteeinganges bzw. -ausganges ausmacht (50% von $1/4$% Preissteigerung = $1/8$%). $100 1/8$% von DM 200 000,— = DM 200 125,—.

Die weitere Entwicklung ist folgende:

Bilanzgeldwerte Aktiva am 2. Werktag	DM 200.125,—
./. am 3. Werktag Ausgleich der Forderung aus der Lieferung vom 1. Werktag durch Zahlung	DM 100 000,—
	DM 100 125,—
+ Forderung aus der Lieferung vom 3. Werktag DM 100 000,— zuzüglich 50% von $1/2$% = $1/4$% Preissteigerung (DM 250,—)	DM 100 250,—
Bilanzgeldwerte Aktive am 3. Werktag	DM 200 375,—
	usw.

Die Wirkung von Preisänderungen auf die Unternehmung

Passiva	Bilanzgeldwerte		Kontraktgeldwerte
	Indexpunkte	DM	DM
1. Tag	./. 100	200 000	300 000
	+ 100		
2. Tag	./. 100		
	+ 100 $^1/_8$	200 125	300 000
3. Tag	./. 100		
	+ 100 $^2/_8$	200 375	300 000
4. Tag	./. 100 $^1/_8$		
	+ 100 $^3/_8$	200 625	300 000
5. Tag	./. 100 $^2/_8$		
	+ 100 $^4/_8$	200 875	300 000
6. Tag	./. 100 $^3/_8$		
	+ 100 $^5/_8$	201 125	300 000
7. Tag	./. 100 $^4/_8$		
	+ 100 $^6/_8$	201 375	300 000
8. Tag	./. 100 $^5/_8$		
	+ 100 $^7/_8$	201 625	300 000
9. Tag	./. 100 $^6/_8$		
	+ 101	201 875	300 000
10. Tag	./. 100 $^7/_8$		
	+ 101 $^1/_8$	202 125	300 000
11. Tag	./. 101		
	+ 101 $^2/_8$	202 375	300 000
12. Tag	./. 101 $^1/_8$		
	+ 101 $^3/_8$	202 625	300 000

Die Kontraktgeldwerte sind dabei zum Basispreis[2] angegeben.

Es ist ohne weiteres ersichtlich, daß die Wertsicherung im obigen Beispiel nicht erreicht würde, wenn die Wertsicherungsklausel nur für die Einkaufskontrakte gelten würde. Das monetäre Gleichgewicht würde nicht erreicht und die Unternehmung würde Werteverluste erleiden, da sie nach Lage der Dinge nicht fähig ist, die Preissteigerungen im Einkauf unverzüglich weiterzuwälzen. (Sie könnte dies freilich dadurch, daß sie die neuen Verkaufskontrakte zu höheren als den Selbstkosten abschließt und durch die vorausgegangenen Verluste wettmacht. Aber eine solche Maßnahme liegt außerhalb des Komplexes „Wertsicherung").

---

[2] Basispreis = Index von 100%.

104 Wertsicherung durch das monetäre Gleichgewicht in der Unternehmung

Das Beispiel läßt sich dahin abwandeln, daß die Tagespreise am Fälligkeitstage nach den Vertragsklauseln zur Anwendung kommen sollen. Am 2. Tag ist die fällige mit 50 000 Mark passivierte Verbindlichkeit mit 50 125 zu bezahlen, am 3. Tag die nächstfällige Verbindlichkeit mit 50 250 Mark, wogegen die am 2. Tag fällige Forderung von nominell 100 000 Mark mit 100 125 Mark und die am 3. Tag fällige Forderung mit 100 250 Mark zu erfüllen ist, so daß die erhöhten Mehrausgaben durch entsprechend erhöhte Mehreinnahmen ausgeglichen werden. Werteverluste treten infolgedessen nicht ein.

Dagegen wird im obigen Beispiel unter den angegebenen übrigen Voraussetzungen die Wertsicherung auch dann erreicht, wenn Wertsicherungsklauseln weder bei Einkaufs- und Verkaufskontrakten, noch bei Forderungen und Schulden bestehen.

Wenn das monetäre Gleichgewicht in der Unternehmung erreichbar ist, was in einem anderen Kapitel abgehandelt werden soll, so taucht die Frage auf, ob Wertsicherungsklauseln bei Schuldverhältnissen überhaupt für die Unternehmung einen Sinn haben, wenn doch die Wertsicherung allein durch ihr monetäres Gleichgewicht erreicht wird.

Es gibt Unternehmungen, die erst verkaufen können, nachdem die Verkaufsgüter bereits produziert oder gekauft worden sind (z. B. Kleinhandelsunternehmungen). Feste, noch nicht erfüllte Verkaufskontrakte gibt es bei ihnen grundsätzlich nicht. Sie verkaufen nur vom Lager gegen Kasse. Sie sind deshalb ohne weiteres in der Lage, ihre Verkaufspreise nach den Wiederbeschaffungskosten zu bemessen (von den Auswirkungen von Preisverordnungen sei unten zu sprechen). Sie haben deshalb an Wertsicherungsklauseln kein Interesse.

Als Gegensatz dazu gibt es Unternehmungen, die mit dem Einkauf oder der Produktion erst beginnen, nachdem sie den Verkaufskontrakt abgeschlossen haben (z. B. Werften, Lokomotivfabriken, auch Großhandelsunternehmungen). Feste Verkaufspreise könnten bei diesen Unternehmungen, da die Lieferzeiten langfristig sind, bei steigenden Löhnen und Kostengüterpreisen den Ruin bedeuten. Diese Unternehmungen benötigen Wertsicherungsklauseln in ihren Verkaufskontrakten, um ihr monetäres Gleichgewicht überhaupt erst erreichen zu können.

Zwischen diesen beiden entgegengesetzten Typen gibt es die Menge der Unternehmungen, die zwar zur Lagerhaltung gezwungen sind, aber auch feste, noch nicht erfüllte Verkaufskontrakte kennen. Es wird sich dabei immer um langfristige Verkaufskontrakte handeln. Auch diese Unternehmungen können, wenn der Verkaufspreis ihre Wiederbeschaffungskosten decken soll, auf Wertsicherungsklauseln in ihren Verkaufskontrakten nicht verzichten, wenn sie dem Risiko der Werteverluste durch Preisänderungen infolge nichtmonetärer Einflüsse begegnen wollen.

Durchführbarkeit der Wertsicherung durch das monetäre Gleichgewicht 105

Da die langfristigen Verkaufskontrakte der einen Unternehmung die Einkaufskontrakte der anderen sind, wird man allgemein auf Wertsicherungsklauseln in langfristigen Lieferverträgen zu achten haben.

In langfristigen Darlehnsverträgen sind Wertsicherungsklauseln in der Regel unentbehrlich. Entbehrlich sind sie dann, wenn eine Unternehmung nicht wertgesicherte aufgenommene Gelder wieder ausleiht. Dies ist heute bei allen Kapitalsammelbecken und bei den vielen Unternehmungen der Fall, die ihren Debitoren langfristige Zahlungsziele einräumen.

Zusammenfassend ist festzustellen, daß Preisänderungen infolge nichtmonetärer Einflüsse Werteverluste und Wertegewinne nicht auftreten lassen, wenn die Unternehmung unverzüglich alle Kostenänderungen durch Änderungen der Verkaufspreise im vollen Umfang weiterwälzt. Dies ist aber der Fall, wenn jederzeit das monetäre Gleichgewicht in der Unternehmung herrscht.

Die praktische Durchführbarkeit der Wertsicherung durch das monetäre Gleichgewicht in der Unternehmung ist eine andere Frage, die als nächste zur Behandlung ansteht.

4. Die praktische Durchführbarkeit der Wertsicherung durch das monetäre Gleichgewicht in der Unternehmung

a) Die Bildung des monetären Gleichgewichts in der Unternehmung

F. Schmidt[1] und mit ihm *Lieboner*[2] haben bereits die Bilanzen verschiedener Unternehmungen daraufhin untersucht, ob das „Prinzip der Wertgleichheit" in der Praxis anzutreffen ist. Das übereinstimmende Ergebnis dieser Untersuchungen ist, daß Realgüter auch durch Fremdkapital finanziert werden und meistens die aktiven Geldbestände etwas höher als die kurzfristigen passiven Geldwerte sind. *F. Schmidt* bemerkt, daß die Praxis langfristige Geldkredite im Sinne des Prinzips als Eigenkapital betrachten darf, solange diese Beträge fest in ihren Händen sind, und eine solche Art der Geldbeschaffung eine Spekulation zwischen Geld- und Gütermarkt darstellt. Im ganzen könne man wohl sagen, daß die Praxis das Prinzip der Wertgleichheit beachtet[3].

Gleiche Untersuchungen an den Bilanzen der letzten Jahre, die von mir durchgeführt wurden, führten fast ohne Ausnahme zu dem Ergebnis, daß sich an der vorherrschenden Bilanzstruktur seit den Untersuchungen von *F. Schmidt* und *Lieboner* nichts geändert hat. Realgüter erscheinen in diesen Bilanzen teilweise im erheblichen Umfange durch Fremdkapital

---
[1] Die Industriekonjunktur – Ein Rechenfehler, Berlin 1927.
[2] Wertgleichheit und Konjunktur nach Vorkriegsbilanzen, Dissertation Frankfurt/M. 1926.
[3] Die organische Tageswertbilanz, Wiesbaden 1951, S. 136.

finanziert, wobei die Finanzierung der Warenvorräte meistens durch kurzfristige Kredite und durch Anzahlungen erfolgt. Man kann daraus nicht unbedingt den Schluß ziehen, daß die Wirtschaft auf eine Geldentwertung spekuliert. Teilweise war es das Darniederliegen des Kapitalmarktes, das die Unternehmungen hinderte, ihr Eigenkapital rechtzeitig aufzustokken, und zum anderen waren es die großen steuerlichen Vorteile der Fremdfinanzierung, welche die Unternehmungen in Deutschland geradezu veranlaßten, ihre Investitionen durch Aufnahme von Fremdkapital zu finanzieren. Die umfangreichen Kapitalerhöhungen bedeutender Unternehmungen in den letzten Jahren resultierten auch aus der Beachtung der Gefahr, welche die Finanzierung von Realgütern durch Fremdkapital für den Fall des Konjunkturumschwungs und eines sinkenden Preisniveaus bedeutet, und geben zu erkennen, daß die Praxis das Prinzip der Deckung von Realgütern durch Eigenkapital und von Geldaktiva durch Geldpassiva kennt und auch grundsätzlich befolgt.

Der Begriff der Wertsicherung erlaubt nicht die Einbeziehung spekulativer Momente und der Begriff des monetären Gleichgewichts gestattet nicht, langfristiges, unkündbares Fremdkapital zur Finanzierung von Realgütern als Eigenkapital zu betrachten. Die zukünftige Geldwertentwicklung ist nicht mit Sicherheit vorauszusehen. Eine wirkliche Wertsicherung wird dadurch erreicht, daß spekulative Momente in dieser Hinsicht unberücksichtigt bleiben, und daß auch langfristiges, unkündbares Fremdkapital als ein Kapital betrachtet wird, das bei Fälligkeit im Nominalbetrag dem Gläubiger zurückzuerstatten ist, wogegen die Werte der mit ihm finanzierten Sachanlagen und Warenvorräte inzwischen weit unter ihrem Anschaffungs- oder Herstellungswert liegen können.

Grundsätzlich bestehen auch heute keine Bedenken, die Möglichkeit zu bejahen, daß die Realgüter restlos durch Eigenkapital finanziert werden.

Schwieriger, ja unmöglich ist es, das monetäre Gleichgewicht auch hinsichtlich der Geldwerte aus festen, noch nicht erfüllten Kontrakten zu erhalten. Das würde bedeuten, daß die Unternehmung sofort zu jedem Einkauf einen Deckungsverkauf oder umgekehrt zu jedem Verkauf einen Deckungseinkauf abschließen müßte und daß die Belegschaft und der Fixkostenblock der jeweiligen Beschäftigung unverzüglich angepaßt werden können. Praktisch sind jedoch oft recht erhebliche Vorleistungen vor dem Verkauf erforderlich und der Fixkostenblock läßt sich keineswegs unverzüglich an die jeweilige Beschäftigungslage anpassen.

In der Praxis werden jedoch die zukünftigen Verpflichtungen aus festen, noch nicht erfüllten Einkaufskontrakten bei gutem Wirtschaften nach den g e s c h ä t z t e n Forderungen aus zukünftigen Verkaufskontrakten sich richten, bei denen die Preise grundsätzlich nach den Kosten der Wiederbeschaffung bemessen werden können. Dies verlangt schon das Prinzip der Liquiditätserhaltung. Umgekehrt wird eine gute Unternehmungsleitung nicht mehr künftig auszuführende Verkaufskontrakte abschließen, als sie termingerecht erfüllen kann. Aus diesem Grunde wahrt die Praxis vielleicht unbewußt das monetäre Gleichgewicht auch hinsichtlich der festen, noch nicht erfüllten Kontrakte.

Die Auswirkungen von Wertsicherungsklauseln auf die Aktiv- und auf die Passivseite abzustimmen, bereitet keine unüberwindlichen Schwierigkeiten. Immer kommt es darauf an, daß die Unternehmung in der Lage ist, Beeinflussungen ihrer Ausgaben durch Preisänderungen im Bezug durch entsprechende Preisänderungen in ihren Einnahmen aus dem Verkauf auszugleichen.

So haben Energieversorgungsunternehmen recht gute Erfahrungen damit gemacht, daß die Verträge mit ihren Großabnehmern (Sonderabnehmern) eine Kohlenpreisklausel (Kostenelementsklausel) aufweisen, welche die Wirkung der Kohlenpreisklausel in den Energiebezugsverträgen auffangen. Bei den kleineren Abnehmern (Normalabnehmern) konnten dagegen die kohlenpreisbedingten Änderungen der Bezugskosten nicht unverzüglich und im entsprechenden Umfang weitergegeben werden, so daß in diesem Bereich das monetäre Gleichgewicht nicht vorhanden war. Da diese Unternehmen in der Gestaltung der Normalabnehmertarife nicht frei sind, sondern von der Willensbildung der Vertretungskörperschaften der Gemeinden mehr oder weniger abhängig sind, läßt sich das monetäre Gleichgewicht hier auch bei der besten Unternehmungsführung kaum erreichen. Bei einer schleichenden Geldentwertung und entsprechenden Kohlepreiserhöhungen werden geldwertbedingte Verluste deshalb nicht zu vermeiden sein.

Auch in anderen Branchen, die in der Vertragsgestaltung aus politischen oder anderen Gründen unfrei sind, wird das monetäre Gleichgewicht in der Unternehmung nicht immer zu erreichen sein.

Es muß daher als eine Voraussetzung für das monetäre Gleichgewicht angesehen werden, daß die Unternehmung auf sie zukommende Auswirkungen von Preisänderungen auf die Abnehmer abwälzen kann.

Nach *F. Schmidt*[4] ist das Prinzip der Wertgleichheit keine Lehre, „wie man Beinbrüche, von denen *Schmalenbach* spricht, heilt, sondern es lehrt, wie man Beinbrüche vermeidet". Dies gilt ebenso von dem monetären Gleichgewicht in der Unternehmung. Wenn es nicht erreicht wird, treten durch Preisänderungen verursachte Gewinne und Verluste auf und es kommen die besonderen Probleme der Kapitalerhaltung und der Substanzerhaltung zum Zuge, wozu ein umfangreiches Schrifttum vorliegt[5].

---

[4] Die organische Tageswertbilanz, Wiesbaden 1951, S. 138.
[5] Vgl. Hax, a.a.O., mit der dort angegebenen Literatur.

b) Die Gefährdung des monetären Gleichgewichts in der Unternehmung durch gesetzgeberische Akte

Wenn das monetäre Gleichgewicht in der Unternehmung erzielt ist, so bedeutet dies noch nicht, daß die Unternehmung nun vor Werteverlusten aus Geldwert- und speziellen Preisänderungen unabänderlich geschützt ist. Es ist nicht ausgeschlossen und gerade in Zeiten großer Geldwertänderungen wahrscheinlich, daß durch gesetzgeberische Akte rückwirkend das monetäre Gleichgewicht beeinträchtigt wird.

Der Gesetzgeber kann bestehende Wertsicherungsklauseln für nichtig erklären, er kann in bestehenden Kontrakten durch Preisverordnungen die Preise verändern und er kann zur Zwangsbewirtschaftung und Kontingentierung schreiten. Schon durch eine dieser Maßnahmen kann das monetäre Gleichgewicht in der Unternehmung gestört und dadurch die Wertsicherung gefährdet werden. Diese Arbeit hat im ersten Abschnitt des Hauptteils aufzuzeigen versucht, daß in der Vergangenheit der Staat in Zeiten starker Geldentwertung regelmäßig zu derartigen Maßnahmen gegriffen hat und es besteht kein Anlaß zu glauben, daß er sich in Zukunft anders verhalten wird.

Wenn es auch eine vollkommene, absolut zuverlässige Wertsicherung infolgedessen nicht gibt, so sollte der Wirtschafter aus dem Grundsatze heraus, alles zu tun, was die Unternehmung vor Werteverlusten schützen könnte, nichts unversucht lassen, um die Wertsicherung durch das monetäre Gleichgewicht unter Beachtung der Notwendigkeit von Wertsicherungsklauseln in langfristigen Lieferverträgen zu erreichen. Eine Garantie gegen Werteverluste durch Geldentwertung kann nicht die Unternehmung, sondern nur die Instanz erbringen, deren Aufgabe es ist, die Währung vor Geldwertänderungen zu schützen: die Notenbank. Wie bereits erwähnt, hat der damalige Präsident ihres Direktoriums, Geheimrat Dr. Vocke, sich im gleichen Sinne geäußert[6]. Die Notenbank hat diese ihre Aufgabe voll erkannt und es ist zu wünschen, daß sie ihre bisher bewiesene Funktionsfähigkeit seit der Währungsreform auch weiterhin unter Beweis stellen wird.

---

[6] s. Versicherungswirtschaft 1952, S. 266.

Literaturverzeichnis

1. Bücher

Bazot, A. P. M.: Histoire des assignats, Amiens 1862.
Der große Brockhaus, Wiesbaden 1953.
Conrad: Deutsche Rechtsgeschichte, Band I, Karlsruhe 1954.
Dieben, W.: Anleihetechnik, Berlin 1931.
Düringer und *Schulze:* Das Reichsgesetz über wertbeständige Hypotheken, Berlin 1924.
Dürkes, W.: Wertsicherungsklauseln, Heidelberg, 3. Auflage 1956, 4. Auflage 1958.
Eckstein, F.: Geldschuld und Geldwert im internationalen Privatrecht, Berlin 1932.
Enzyklopädisches Lexikon für das Geld-, Bank- und Börsenwesen, Frankfurt/M. 1957.
Finke, E.: Währungsgesetze in der Versicherung, Weißenburg 1950, Nachtrag 1951.
Dr. Gablers Wirtschaftslexikon, Wiesbaden 1956.
Geiler/Stehlik/Veith: Kommentar zum DM-Bilanzgesetz, München und Berlin 1950.
Gerstenberg, Ch. W.: Financial Organization and Management, third edition, New York 1953.
Greifzu, J.: Handbuch des Kaufmanns, Hamburg 1950.
Harmening/Duden: Die Währungsgesetze, Minden 1949 mit Ergänzungsband von 1950.
Hartmann, G.: Über den rechtlichen Begriff des Geldes und den Inhalt von Geldschulden, Braunschweig 1868.
Hax, K.: Die Substanzerhaltung der Betriebe, Köln und Opladen 1957.
Huppertz, H.: Convertible Bonds als Aktienwandelobligationen und andere Mischformen als Mittel der Kapitalbeschaffung der Aktiengesellschaften der Vereinigten Staaten von Amerika, Diss. Köln 1926/27.
Kämpke, E.: Die Wandelschuldverschreibung als Mittel zur Finanzierung der Unternehmung, Diss. Köln 1954.
Kruse, A.: Geschichte der volkswirtschaftlichen Theorien, München 1948.
Langen, E.: Kommentar zum Devisengesetz, Heidelberg 1954.
Lieboner, H.: Wertgleichheit und Konjunktur nach Vorkriegsbilanzen, Diss. Frankfurt/M. 1926.
Linnhoff, O.: Optionsanleihen, Diss. Köln 1955.
Maus, J.: Anleiheformen unter dem Einfluß der Geldentwertung, Leipzig 1925.
Mayer, W.: Die Valutaschuld nach deutschem Recht, Mannheim 1934.
Mecker-Hundhausen: Börsen – Termin – Geschäfte, Berlin 1934.
Meyer, W.: Die deutschen Auslandsanleihen in der Nachkriegszeit (1924–1926), Diss. Leipzig 1926.
Mügel, O.: Das gesamte Aufwertungsrecht, Berlin 1927.
Obst/Hintner: Geld-, Bank- und Börsenwesen, Stuttgart 1951.

Oresme: Traktat über Geldabwertungen, Jena 1937.
Rittershausen, H.: Internationale Handels- und Devisenpolitik, Frankfurt/M., 1. Auflage.
Palandt, O.: Bürgerliches Gesetzbuch, München und Berlin 1954.
Posteher, W.: Sachwertschuldverschreibungen, Hamburg 1939.
Schlegelberger: Gesetz über wertbeständige Hypotheken, Berlin 1924.
Schmalenbach, E.: Die steuerliche Behandlung der Scheingewinne. Zwei Vorträge über Scheingewinne, Jena 1922 (2. Auflage).
— Dynamische Bilanz, 4. Auflage, Leipzig 1926.
— Finanzierungen, 4. Auflage, Leipzig 1928.
Schmidt, F.: Die organische Tageswertbilanz, Wiesbaden 1951.
— Die Industriekonjunktur – ein Rechenfehler, Berlin 1927.
Schmölder/Gessler/Merkle: D-Mark-Bilanzgesetz, Stuttgart 1950.
Stier-Somlo/Elster: Handwörterbuch der Rechtswissenschaft, Berlin und Leipzig 1926.
Tiktin, W.: Die Option im Rechtsverkehr, Diss. Heidelberg 1934.
Wirtschaftsprüferjahrbuch, Düsseldorf 1954.
Wolff, E.: Schuldverschreibungen auf Reichs- oder Goldmark mit unechter Valutaklausel, Mannheim 1935.

2. Aufsätze aus folgenden Zeitschriften

Bankarchiv
Der Betrieb
Der Betriebsberater
Der praktische Betriebswirt
Der Volkswirt
Der Wirtschaftsprüfer
Deutsche Notarzeitschrift
Deutsche Richterzeitung
Deutsche Zeitung und Wirtschaftszeitung
Juristische Rundschau
Juristen-Zeitung
Kartellrundschau
Monatszeitschrift für deutsches Recht
Neue Betriebswirtschaft
Neue Juristische Wochenschrift
Recht der Landwirtschaft
Schweizerische Juristen-Zeitung
Versicherungswirtschaft
Zeitschrift für Betriebswirtschaft
Zeitschrift für handelswissenschaftliche Forschung

Sachverzeichnis

Abwälzungsklausel im Mietpreisrecht 57
Abwertungsklausel 50
Aktien 62, 66, 79, 82, 86, 89
Aktienbezugsrechts-Obligationen 62, 66, 88
Altenteilsverträge 66, 81, 85
Alternativklauseln (siehe auch Wahlschuldverhältnisse) 19, 24
Ankaufrechte 66
Anzahlungen 17, 97, 106
Auflassungsvormerkung 65, 92
Aufwertung 21
Ausfuhrgeschäfte 33, 71, 74 ff.
Ausfuhrzulieferungsverträge 35

Bankguthaben 33, 43, 96
Baukostenindex 54
Baupreisverordnung 49, 58
Beamtengehälter 32, 53 f., 60, 83
Bedingungen, aufschiebende und auflösende 64
Beteiligungsklauseln 58 ff., 80, 83 f.

Clausula rebus sic stantibus 13

Darlehen 14 ff., 33, 44 f., 62 ff., 81, 92, 96, 101
Deportgeschäfte 72 f.
Devisenausländer 30, 33, 68 f.
Devisenbewirtschaftung 30 ff., 41, 68 ff., 74 ff.
Deviseninländer 30, 68 f.
Devisenleihe 72, 76
Devisennotverordnung 17
Devisentermingeschäfte (siehe Termingeschäfte)
DM-Bilanzgesetz 40, 42 ff.
Dollargoldmarkschuldverschreibungen 19 ff.
Dollarschuldverschreibungen 19, 22

Eigentumsvorbehalt 92
Einfuhranschlußverträge 33, 35, 56
Einfuhrgeschäfte 33, 71, 74 ff., 77
Einzelhandelsindexklauseln
(siehe auch Indexklauseln) 32
Erbbauzins 32, 50, 53, 91
Ersetzungsbefugnis 85

Feingold (siehe Gold)
Feingoldhypotheken und -grundschulden 26 f.
Fremdwährungsklauseln
(siehe auch Valutaschuldverhältnisse) 33 ff., 40, 68 ff., 83 f.

Gehaltsindexklauseln (siehe auch Indexklauseln) 34, 51 ff.
Geldbetragsschuldverhältnisse 42 ff., 84
Geldwertschuldverhältnisse 40, 42 ff., 83 f.
Genehmigungsanträge 31 ff., 35 f., 60, 70, 84
Genußscheine 62
Geschäftskaufverträge 31 f., 35, 62
Geschäftsmiet- und -pachtverträge
(siehe auch Mietverträge, Pachtverträge) 32, 34 ff.
Gesellschaftsverträge 46, 64, 66, 80
Gewinnbeteiligung 61, 86
Gewinnschuldverschreibungen 62 f.
Greshamsches Gesetz 12, 14
Grundstückskaufverträge 31 f., 39, 53 f., 62, 65 f., 81
Grundstückspreisverordnung 39
Golddollarklauseln 19, 27
Goldhandel 81
Goldhypotheken 14 f., 26 f.
Goldmark 17, 19, 24, 27 ff., 43
Goldmarkschuldverschreibungen 18, 23 f., 32
Goldmünzen 81
Goldmünzklauseln 12, 14 f.
Goldwertklausel 14 f., 23 f., 28, 30 f., 34 f., 42 ff., 70

Handelsgeschäfte zwischen Einführen und ihren unmittelbaren Verkäufern 33
Hedge-Geschäfte 72
Höchstbetragshypothek 24, 89 f.
Hofabfindung 81
Hofkaufverträge 31 f.
Hypotheken 13 ff., 24 ff., 89, 96

Indexklauseln 17, 31 f., 34, 54 f.

Sachverzeichnis

Kapitalerhaltung 10, 107
Kapitalversicherungen 28, 33, 69
Kaufkraftklauseln 34 f.
Konversion 14 ff.
Konvertibilität 76
Kostenelementsklauseln 54 ff., 71, 83 f., 93, 107
Kostenindexklauseln (siehe auch Indexklauseln) 34
Krankenkassensätze 54

Landpachtgesetz 82, 91
Lebenshaltungskostenindexklauseln (siehe auch Indexklauseln) 34, 54
Lebensversicherungen 28, 33, 69
Leibrentenverpflichtungen (siehe auch Renten) 35
Lizenzen 62
Lohnerhöhungsklauseln 17, 58
Lohnindexklauseln (siehe auch Indexklauseln) 34 f.
Londoner Schuldenabkommen vom 24. 8. 1953 (BGBl. I, S. 429) 22

Mark = Mark-Gesetz 28 ff., 41, 43 ff., 80
Mietverträge 32, 34 ff., 54, 57, 58, 60 f., 64, 66
Militärregierungsgesetz 53; 30
Mindestklauseln 17, 23, 25, 31, 34 f., 57, 59 ff., 69, 83 ff.
Miteigentum 92

Negativbescheinigung 37, 56, 60
Neuwertversicherung 46
Nichtigkeit des Vertrages 37 ff.
Nießbrauch 90
Nochgeschäfte 73 f.
Nominalismus 14

Optionen 64 ff., 73 f.
Options-Bonds 66

Pachtverträge 32, 34 ff., 43, 54, 64, 81
Papiergeld 12 f.
Pensionen (siehe Renten)
Prämiengeschäfte 73
Preisgleitklauseln 17, 31, 34, 41, 54
Preisrecht 27 f., 39, 47, 49, 56 ff., 61, 65, 82, 108
Preisstop 27 f., 65, 93
Preisvorbehalte 17, 47 ff., 93

Reallast 24, 81, 90 f.
Reichsmarkschuldverschreibungen mit Goldklauseln 19
Renten 31 f., 35, 51 ff.

Rentenindexklauseln (siehe auch Indexklauseln) 34
Rentenversicherungen 28, 33, 69
Reportgeschäfte 72
Restkaufpreisschulden 35, 53
Roggenschuldengesetz 22, 26, 81
Rückkaufsrechte 64, 71 ff.
Rücktrittsrechte 18, 48, 62, 64 ff., 92
Rückversicherungsverträge 69

Saarland 28
Sachschuldverhältnisse 17, 22 f., 28, 38, 46, 78 ff., 83 f., 93
Sachwerthypotheken 24 ff.
Sachwertschuldverschreibungen 19, 22 f., 32
Schadenersatzpflicht 37, 46
Scheingeschäfte 38 f., 65, 83 ff.
Scheingewinne und -verluste 10
Schuldenregelungsgesetz 27
Schuldverschreibungen 18 ff., 33, 62, 66, 86 ff.
Seefrachtverträge 33, 35
Sicherungsübereignung 92
Spannungsklauseln 51 ff., 83 f.
Stellagegeschäfte 73
Substanzerhaltung 10, 107
Swapgeschäfte 71 ff., 75 f.

Tauschgeschäfte 78
Teilzahlungen 17
Termingeschäfte 13, 18, 71 ff.
Transithandel 35

Umsatzbeteiligung 61
Umsatzmiete und Umsatzpacht 59 f.
Umstellungsgesetz 40 ff., 63 ff., 98
Unterhalt 32, 35, 46, 50, 52, 54, 66

Valorismus 14
Valutaschuldverhältnisse 13, 16 ff., 28, 30, 32 f., 68 ff., 83
Valutaschuldverschreibungen 18 ff.
Verfügungen, letztwillige 66 ff., 90
Versicherungen 28, 33, 46, 69
Versorgungsleistungen (siehe auch Unterhalt und Renten) 32, 35, 42
Vertragsfreiheit 12, 39
Verwaltungsgerichtsbarkeit 36 f.

Währungsgesetz (erstes Gesetz zur Neuordnung des Geldwesens) 29 ff.
Währungsreform 29 ff., 40 f., 51, 63 ff., 80 f., 87, 96 ff.
Wahlrechtsklauseln und Wahlschuldverhältnisse 23 f., 27, 60, 82 ff., 91

Warentermingeschäfte
(siehe Termingeschäfte)
Wartungsverträge 32
Wandelschuldverschreibungen 24, 62, 66, 86 ff.
Werklieferungsverträge 54
Wertpapiertermingeschäfte
(siehe Termingeschäfte)
Wertzuschlagsklausel in der Schadenversicherung 46

Wiederbeschaffungskosten 9 ff., 50, 57 f., 95 ff., 101 ff.
Wohnungsmietverträge
(siehe auch Mietverträge) 32, 34

Zahlstellenklauseln 19
Zinsen auf eine noch unbestimmte Geldschuld 99
Zwangsbewirtschaftung 28, 82, 86, 89, 93, 108

Printed by Libri Plureos GmbH
in Hamburg, Germany